増本善丈
弁護士

大野徹也
弁護士

鈴木正人
弁護士

荒井隆男
弁護士

髙橋泰史
弁護士

矢田 悠
弁護士

新債権法下の債権管理回収実務Q&A

一般社団法人 **金融財政事情研究会**

刊行にあたって

　2017年（平成29年）5月26日、第193回国会において「民法の一部を改正する法律」が成立し、公布日である同年6月2日から3年以内に施行されることとなりました。改正民法は、1896年（明治29年）の民法制定から120年以上もの期間を経て、債権に関する規定を実質的に改正するものであり、実務の前提とされてきた判例法理を明文化するにとどまらず、従来指摘されてきた実務上の不都合を解消するために修正を施す内容が多く含まれています。長年にわたって通用してきた我が国の経済活動に関する基本法が大きく変わるわけですから、すべての国民にとって重大な法改正であることは言うまでもありません。とりわけ、その活動に伴い、日常的に契約の主体となる企業にとっては、「債権の一生」を規律する債権法の改正による影響を分析し、必要な対応を講じることは急務と言えます。

　そのため、平素から債権管理回収実務に関与し、現実に生じる事案を通じて民法の解釈・適用の前線に身を投じてきた実務家の視点から、改正民法を解説することには格別の意義があると思われます。

　本書は、金融機関をはじめとする企業の実務に携わってきた執筆陣が、改正民法のもとにおける企業の債権管理に関する論点を、読者による使いやすさを重視し、モデル条項等も織り込みながら、Q&Aの形式でわかりやすく解説することを試みるものです。一方で、設問の解説を通じ、実務にいかなる影響が生じるかということを、実務家としての知識経験を踏まえつつ、民法の解釈から出発し帰納的に解説するよう努めました。これにより、表面的な「マニュアル」に陥ることなく、実務の現場で実際に生じる多種多様な問題の解決のため有用な示唆を提供することができる解説書とすることを企図したものです。

　本書が、実務の現場で、多くの方々のお役に立てていただけることを願っています。

　なお、本書が完成に至ったのは、虎門中央法律事務所の荒井隆男先生からの熱心なお誘いと、同事務所の髙橋泰史先生に詳細な項目をご作成いただく

刊行にあたって

という実に周到な事前準備があったからであり、また、各執筆者の作業が当初の出版計画の通りに進んだのは、一般社団法人金融財政事情研究会の堤英紀理事にスケジュール調整、校正等の面で献身的なご尽力をいただいたからです。ここに記して厚く御礼申し上げる次第です。

2017年（平成29年）10月

執筆者を代表して

弁護士　**増本　善丈**

執筆者一覧

増本善丈（ますもと　よしたけ）

スプリング法律事務所・パートナー弁護士。

1995年、慶應義塾大学大学院法学研究科修士課程修了。

2000年、東京弁護士会登録（53期）。

2009年〜2014年、慶應義塾大学法科大学院非常勤講師（民事法総合担当）。

2008年〜、全国銀行協会あっせん委員会事務局付弁護士。

2013年〜、株式会社エムアールアイ債権回収取締役弁護士。

〈主要著書・論稿等〉

『コンプライアンスのための金融取引ルールブック』（銀行研修社、共著）、『新　破産実務マニュアル』（ぎょうせい、共著）、「大胆な変更を迫られる債権譲渡の改正」（ビジネス法務2009年9月号）ほか多数

大野徹也（おおの　てつや）

プロアクト法律事務所・パートナー弁護士。

1998年、明治大学政治経済学部経済学科卒業。

2001年、東京弁護士会登録（54期）。

2007年〜2012年、アフラック（アメリカンファミリー生命保険会社）副法律顧問（2009年から法律顧問）（社内弁護士）。

2013年〜2016年、2017年〜、東京弁護士会民事介入暴力対策特別委員会副委員長。

2012年〜、日本弁護士連合会民事介入暴力対策委員会事務局次長。

2017年〜、東京弁護士会公益通報者保護特別委員会委員。

〈主要著書・論稿等〉

「保険契約における暴力団排除条項と重大事由解除の規律」（金法2035号）、「保険募集に関する特別利益の提供の『新整理』」（金法2062号、共著）、「金融機関における今後の不祥事対応」（金法2070号、共著）ほか多数

執筆者一覧

鈴木正人（すずき　まさと）

岩田合同法律事務所・パートナー弁護士。

2000年、東京大学法学部卒業。

2002年、第一東京弁護士会登録（55期）。

2009年、University of Pennsylvania Law School 修了（LL.M.）。

2010年、ニューヨーク州弁護士登録。

2010年〜2011年、金融庁・証券取引等監視委員会事務局証券検査課勤務。

2014年〜2016年、日本弁護士連合会民事介入暴力対策委員会幹事。

2016年〜、第一東京弁護士会金融商品取引法研究部会副部会長。

〈主要著書・論稿等〉

『民法改正と金融実務 Q&A』（銀行研修社、共著）、『新・株主総会物語』（商事法務、共編著）、「証券取引口座約款における暴排条項の遡及適用と関連論点」（金法2060号）、「マイナス金利下における金利スワップ取引の法的考察」（週刊金融財政事情2016年6月13日号）ほか多数

荒井隆男（あらい　たかお）

虎門中央法律事務所・パートナー弁護士。

1999年、早稲田大学法学部卒業。

2006年、東京弁護士会登録（59期）。

2007年〜、東京弁護士会民事介入暴力対策特別委員会。

2012年〜、日本弁護士連合会民事介入暴力対策委員会。

〈主要著書・論稿等〉

『フロー＆チェック　企業法務コンプライアンスの手引』（新日本法規出版、共著）、「信用保証契約の付随義務として金融機関が実施すべき反社調査」（金法2042号）、「働き方改革と長時間労働の是正」（金法2067号）ほか多数

髙橋泰史（たかはし　たいじ）

虎門中央法律事務所・弁護士。

2004年、一橋大学法学部卒業。

2007年、東京弁護士会登録（60期）。

2014年〜2016年、金融庁・証券取引等監視委員会証券検査課。

〈主要著書・論稿等〉

『取引の相手方と金融実務〔改訂版〕』（金融財政事情研究会、共著）、『Q&A保険法と家族』（日本加除出版、共著）、「フェア・ディスクロージャー・ルール法制化に備える」（金法2061号）ほか多数

矢田　悠（やだ　ゆう）

森・濱田松本法律事務所・弁護士、公認不正検査士。

2006年、東京大学法科大学院修了。

2007年、第二東京弁護士会登録（60期）。

2011年〜2012年、東京大学法科大学院非常勤講師（民法）。

2012年〜2014年、金融庁・証券取引等監視委員会証券検査課勤務。

2014年、金融庁監督局証券課・総務企画局企画課信用制度参事官室（銀行法担当）勤務。

2016年、第二東京弁護士会民事介入暴力対策委員会幹事。

2017年、第二東京弁護士会金融商品取引法研究会副代表幹事。

〈主要著書・論稿等〉

『JAバンク法務対策200講』（金融財政事情研究会、共著）、『最新会社法務モデル文例・書式集』（新日本法規、共編）、「債権譲渡（譲渡制限特約）法制の改正—ABL実務の観点から—」（金法2024号）ほか多数

凡　例

1．法令等

改正民法　　　民法の一部を改正する法律（平成29年法律第44号）による改正後の民法

改正前民法　　民法の一部を改正する法律（平成29年法律第44号）による改正前の民法

民法　　　　　明治29年4月27日法律第89号

整備法　　　　民法の一部を改正する法律の施行に伴う関係法律の整備等に関する法律（平成29年法律第45号）

要綱　　　　　民法（債権関係）の改正に関する要綱（平成27年2月24日）

中間試案　　　民法（債権関係）の改正に関する中間試案（平成25年2月26日）

独占禁止法　　私的独占の禁止及び公正取引の確保に関する法律（昭和22年法律第54号）

2．判例集・定期刊行物

民録　　　　　大審院民事判決録

民集　　　　　大審院民事判例集・最高裁判所民事判例集

集民　　　　　最高裁判所裁判集民事

金法　　　　　金融法務事情

3．法制審議会

法制審民法部会、部会　　　法制審議会民法（債権関係）部会

部会第〇回会議議事録△△頁〔□□発言〕　　法制審議会民法（債権関係）部会の会議議事録および発言（頁数は、法務省ウェブサイト掲載のPDF版より引用）

部会資料〇・△△頁　　法制審議会民法（債権関係）部会の部会資料（頁数は、法務省ウェブサイト掲載のPDF版より引用）

凡　　例

４．改正民法に関する概説書

潮見　　　　　　潮見佳男『民法（債権関係）改正法の概要』（金融財政事情
　　　　　　　　研究会、2017年）

詳説　　　　　　債権法研究会編・田原睦夫座長・赤坂務ほか著『詳説改正債
　　　　　　　　権法』（金融財政事情研究会、2017年）

５．その他

経営者保証ガイドライン　　経営者保証に関するガイドライン（経営者保証
　　　　　　　　に関するガイドライン研究会、平成25年12月）

目　　次

　刊行にあたって

　執筆者一覧

　凡　　例

Ⅰ　消滅時効

Q1　債権の消滅時効期間と期限の利益の喪失 …………（髙橋泰史）… 3

　　債権の消滅時効の起算点や期間に関するルールはどのように変わりますか。また、契約に基づき期限の利益を喪失した債権の時効管理について留意すべき点はありますか。

Q2　時効の完成猶予事由と更新事由 ……………………（増本善丈）… 8

　　債権の請求により消滅時効完成を阻止するためには、どのような手続を取ればよいでしょうか。

Q3　債権の一部請求と消滅時効 ……………………………（増本善丈）… 13

　　訴訟において債権の一部を請求した場合、残部の消滅時効についてはどのように取り扱われますか。また、裁判外で催告をした後に一部請求をした場合はどうでしょうか。

Q4　協議を行う旨の合意による時効の完成猶予 ………（増本善丈）… 18

　　「協議を行う旨の合意」とはどのように活用することが考えられるでしょうか。また、「催告」の効果との関係はどのように理解すればよいでしょうか。

Q5　民事保全手続による時効の完成猶予 ………………（増本善丈）… 24

　　消滅時効の完成が迫った貸付債権について、債務者所有の不動産の仮差押えをすることにより時効完成を阻止しようと考えていますが、留意すべき点はありますか。

目　次

Q6　連帯保証人に対する請求と消滅時効 ……………… （増本善丈）… 28

　　　主債務者が所在不明となった場合に、連帯保証人に対して履行
　を請求することによって、消滅時効の完成を阻止することができ
　ますか。

Q7　連帯債務者の1人について時効が完成した場合 …（増本善丈）… 34

　　　連帯債務者のうちの1人が所在不明となりました。この連帯債
　務者について消滅時効が完成した場合、他の連帯債務者に対する
　請求をすることができますか。

II　債務不履行の責任等

Q8　債務不履行に基づく損害賠償請求 ………………… （荒井隆男）… 43

　　1　商品を買主に販売し、代金は後払いとしていましたが、買主
　　の代金の支払が約定支払日から10日遅れました。損害賠償請求
　　できる金額はどのようになりますでしょうか。
　　2　店舗用不動産の購入にあたり売買契約を締結しましたが、売
　　主が不動産の引渡しを履行しません。営業上の損失等を売主に
　　対して請求したいと考えていますが、どのような範囲の損害に
　　ついて損害賠償請求をすることができますか。

Q9　債権者の受領遅滞により生じた費用の回収 ……… （荒井隆男）… 49

　　　売買契約に基づいて商品を履行期に取引先に納品しようとした
　のですが、受領を拒絶されてしまっています。代金に加えて取引
　先が受領するまでの間の保管費用が発生していますので、これも
　代金と合わせて回収したいと考えていますが、買主に請求をする
　ことはできるのでしょうか。

III　法定利率

Q10　法定利率と遅延損害金 …………………………………… （鈴木正人）… 57

　　　利率に関する定めのない金銭債権の利息や遅延損害金はどのよ
　うに算定されるのでしょうか。また、金銭債権の不履行があった
　場合に、遅延損害金の金利を超える損害を請求することができま
　すか。

ix

Ⅳ 債権者代位

Q11 債権者代位による債権回収 ……………………（鈴木正人）… 65

債務者の有する金銭債権を代位行使することによる債権回収を図ることは可能でしょうか。また、代位の対象となる債権について、第三債務者が、債務者に対して弁済したことを理由に支払を拒んでいますが、重ねて支払うよう請求することができますか。

Ⅴ 詐害行為取消権

Q12 詐害行為取消訴訟の手続と効果 ………………（鈴木正人）… 73

詐害行為取消訴訟の手続や取消認容判決の効果はどのようなものですか。

Q13 無償行為と詐害行為取消権 ……………………（鈴木正人）… 79

貸金債権の債務者が所有不動産を第三者に贈与してしまいました。債権者としてどのような手段を取ることができますか。また、債務者から不動産の贈与を受けた者から金銭の支払を受け、債権の回収に充てることができますか。

Q14 被保全債権取得前の資産隠匿行為と詐害行為取消権
……………………………………………………（鈴木正人）… 84

保証債務を履行しましたが、主債務者が、保証履行の直前に、所有不動産を親族に贈与していたことが発覚しました。保証人はこの贈与を取り消すことができるのでしょうか。

Q15 相当の対価を得た資産処分と詐害行為取消権 ……（鈴木正人）… 88

債務者が、所有不動産を、対価を得て第三者に対し売却した場合、債権者はこの売却行為を取り消すことができますか。

Q16 他の債権者に対する偏頗行為と詐害行為取消権 …（鈴木正人）… 93

債務者が他の債権者に対してのみ返済を行った場合、この返済を取り消すことができますか。また、債務者が、他の債権者に対し、債務者所有の不動産に抵当権を設定した場合はどうでしょうか。

目　次

Q17　財産の転得者に対する詐害行為取消権の行使 ……（鈴木正人）… 99
　　　債務者が処分した資産を受益者から取得した転得者に対しては、
　　どのような場合に詐害行為取消権を行使することができますか。

VI　多数当事者の債権および債務

Q18　連帯債務における絶対効 ………………………………（荒井隆男）… 107
　　　連帯債務者のうち1人に対し債務を免除した場合、他の連帯債
　　務者との関係で、どのような効果を生じますか。また、免除をし
　　たことにより、他の連帯債務者から何らかの請求を受けることが
　　ありますか。

VII　保証債務

Q19　主債務の履行状況に関する情報提供義務 …………（大野徹也）… 115
　　　保証人から、主債務の元本、利息の残額や遅滞の有無について
　　情報を提供するよう請求を受けましたが、どのように対応すべき
　　でしょうか。

Q20　主債務者が期限の利益を喪失した場合の情報提供義務
　　　………………………………………………………（大野徹也）… 120
　　　主債務者が、約定返済を延滞した場合に、保証人との関係で留
　　意すべきことがありますか。

Q21　契約締結時の情報提供義務と保証債務の取消し …（大野徹也）… 125
　　　貸付債権の保証人に対し、保証債務の履行を求めたところ、「主
　　債務者が十分な資力を有していると思っていたが、そうではな
　　かったため、保証契約を取り消す」と言われました。このような
　　主張には理由があるのでしょうか。

Q22　事業に係る債務と個人保証 ……………………………（大野徹也）… 131
　　　個人事業主に対する運転資金に係る貸付債権のリスケジュール
　　を行うにあたり、債務者の親から連帯保証を受けることを検討し
　　ていますが、どのような点に留意すべきでしょうか。また、アパー
　　トローンの場合とでは違いがありますか。

xi

Q23 監督指針、経営者保証ガイドラインとの関係 ……（大野徹也）… 137

　貸付債権の保全として保証を受けるにあたり、金融庁の各監督指針や経営者保証ガイドラインを遵守している限り、その効果には問題がないと考えてもよいでしょうか。

Q24 経営者保証等の範囲 …………………………………（大野徹也）… 141

　貸付債権のリスケジュールを行うにあたり、債務者（学校法人）の理事長から連帯保証を受けることを検討していますが、どのような点に留意すべきでしょうか。また、理事長の妻から連帯保証を受けることは問題ないですか。

Q25 事業承継と経営者保証等 …………………………（大野徹也）… 147

　貸付債権の債務者の代表者から連帯保証を受けています。事業承継に伴い、債務者の代表者が交代するにあたり、現在の代表者に代えて新たに代表者になる者から保証を受けたいと考えていますが、留意すべき点がありますか。

Q26 個人根保証契約の保証人 …………………………（大野徹也）… 149

　取引先との継続的な売買契約に基づく売買代金の保全のため、取引先の代表者個人から根保証を受けようと考えていますが、どのような点に留意すべきでしょうか。また、この取引先に対する貸付金を含めて保証を受ける場合はどうでしょうか。

VIII 債権譲渡

Q27 譲渡制限特約のある債権の回収 …………………（矢田　悠）… 155

　債権譲渡を禁止することが合意されている請負報酬債権の債権譲渡を受け、対抗要件を具備しました。債務者から譲渡を禁止する旨の特約があることを理由に弁済を拒まれた場合、債権回収のため取り得る手段はありますか。

　この請負報酬債権が、請負報酬債権の債権譲渡を受けた者から、さらに債権譲渡を受けて転得したものであった場合にはどうでしょうか。

　また、譲り受けたのが預貯金債権の場合はどうでしょうか。

目　次

Q28　譲渡制限特約付債権への強制執行、担保実行 ……（矢田　悠）… 161

　　債務者が第三債務者に対して有する売掛金債権について債権譲
渡を制限することが合意されている場合、この債権に対して強制
執行できますか。

　　また、債権譲渡を制限することが合意されている売掛金債権に
質権や譲渡担保権といった担保権を設定した場合、担保権の実行
として差し押さえることができますか。

　　この売掛金債権が、債権者が債務者に対して動産を売却し、さ
らに債務者が第三債務者にその動産を転売したことによって発生
した転売代金に関するものであり、債権者の債務者に対する動産
売買先取特権に基づく物上代位の対象となる場合はどうでしょうか。

Q29　譲渡制限特約付債権の債権譲渡と対抗関係 ………（矢田　悠）… 165

　　譲渡制限特約付債権が、特約について悪意・重過失の第三者に
譲渡された後、さらに別の第三者にも二重に譲渡されました。こ
の場合、最初の譲渡と2回目の譲渡のどちらが優先することにな
りますか。

　　債権譲渡相互ではなく債権譲渡と差押えが競合した場合はどう
でしょうか。

Q30　債務者の供託権 ………………………………………（矢田　悠）… 172

　　ある会社から取引先（債務者）に対して有する売掛金債権の譲
渡を受けました。そこで、その取引先（債務者）に対して、売掛
金債権を弁済するよう通知したところ、取引先（債務者）からは、
当社に直接弁済はせず、供託をしたいとの申入れがありました。
民法改正によって、譲渡制限特約の有無に関係なく、当社が債権
者であることは疑いがないように思いますが、それでも、取引先
（債務者）は供託を行うことが可能なのでしょうか。

　　また、仮に供託ができるとして、実は、本来の弁済期をしばら
く過ぎてしまっているため、遅延損害金が発生している状況なの
ですが、取引先（債務者）は、支払が遅れたのは急に債権譲渡の
通知が届き、対応に混乱が生じたせいであるため、供託は元金部
分のみとし、遅延損害金を含めないと主張していますが、そのよ
うな供託は可能なのでしょうか。

xiii

目　次

Q31　将来債権・譲渡禁止債権を含む集合債権譲渡担保
……………………………………………………（矢田　悠）… 177

　貸付の担保として、貸付先とその取引先との間の継続的取引に基づく現在および将来の売掛金債権に譲渡担保権の設定を受けようと考えています。なお、貸付先に信用不安を生じさせないよう、債権譲渡を売掛金の債務者に通知しないサイレント方式（担保実行時まで債務者対抗要件を具備しない方式）により行うことを考えています。設定に際して改正との関係で留意すべき点はありますか。

Q32　異議をとどめない承諾と債務者の抗弁 …………（矢田　悠）… 182

　貸付債権の債権譲渡を受けるにあたり、債務者から異議をとどめない承諾を受ければ、債務者が譲渡人に対して有していた抗弁を対抗されるおそれはないのでしょうか。

IX　債務引受

Q33　併存的債務引受による保全強化 ………………（荒井隆男）… 189

　貸付債権の保全のため、債務者の親族に併存的債務引受をしてもらおうと考えていますが、併存的債務引受は、債権者、債務者および引受人の三者間の契約による必要がありますか。また、契約書を作成するにあたり、何か留意すべき点はありますか。

Q34　免責的債務引受による債務者の交替 ……………（荒井隆男）… 193

　債務者が病気のために長期入院することになり、約定の履行期までの弁済が見込めないことになりました。そうしたところ、債務者の婚約者が債務者に代わって自らが債務を引き受ける旨を申し出てきましたので、その婚約者に免責的債務引受をしてもらうことを検討しています。もっとも、婚約者による免責的債務引受については債務者が同意していないようなのですが、この場合に免責的債務引受をするにはどのような手続をすればよいのでしょうか。また、この債務については、債務者の父が所有している土地・建物に抵当権の設定を受けているのですが、免責的債務引受後もこれらの抵当権は婚約者が引き受けた債務について存続するのでしょうか。

X 弁 済

Q35 債務者以外の者からの弁済 ……………………………… （荒井隆男）… 201

　　住宅ローンの債務者が返済を滞ったところ、債務者と同居もしておらず、また連帯保証人でも物上保証人でもない債務者の父親から、債務者に代わって返済したいという旨の申出を受けました。債務者本人の意向を確認しようとしたところ、債務者は行方不明になっており、その意向を確認することができません。このまま債務者の父親から返済を受けることに問題はないでしょうか。

Q36 遺産分割成立前における一部の相続人による弁済
……………………………………………………………… （荒井隆男）… 205

　　ローン債権の債務者が死亡したところ、相続人の一部の者から、遺産分割が完了するまでの間は、自分が月々の約定返済金全額の弁済をしたいとの申出を受けています。他の相続人の意向を確認した上でこの申出を受けるべきか検討しようと考えていたのですが、他の相続人の中には海外に移住しており、事実上、連絡を取るのが不可能な者がおり、その意向を確認することができません。このような場合でも、約定返済金全額の弁済を申し出ている相続人から弁済を受けることに問題はないでしょうか。

Q37 債権者の担保保存義務 ……………………………… （荒井隆男）… 210

　　貸金債権の債務者から設定を受けている不動産を任意売却することによって回収を行うにあたり、保証人との関係で留意すべき点はありますか。また、保証人との間で締結している保証契約に担保保存義務を免除する条項が存在する場合としない場合とでは違いがありますか。

目　次

XI　相　殺

Q38　債権譲渡と相殺 ……………………………………………（矢田　悠）… 217

　　　以下の場合において、債務者は、債権の譲渡人に対して有している債権を自働債権とする相殺を譲受人に対して対抗することができるでしょうか。
①　譲渡人が取引先（債務者）に対して有する実行済みの売買に関する売買代金債権の譲渡を受けた譲受人が債務者対抗要件を具備したところ、取引先（債務者）は、譲受人が債務者対抗要件を備える前に既に発生していた売買の目的物の瑕疵（契約不適合）を理由とする損害賠償請求権と譲受人が取得した売買代金債権を相殺したとして、代金の支払を拒絶しました。
②　譲渡人が取引先（債務者）に対して有する将来の売買代金債権の譲渡を受けた譲受人が債務者対抗要件を具備したところ、取引先（債務者）は、対抗要件具備の後に締結した個別の売買契約の目的物に瑕疵があったことに基づく損害賠償請求権と譲受人が取得した売買代金債権を相殺したとして、代金の支払を拒絶しました。

Q39　差押えと相殺（差押え前の原因）…………………（髙橋泰史）… 221

　　　当行の貸付先であるA社が返済を怠っているため、当行は、A社がB社に対して有する貸金債権を差し押さえました。ところが、第三債務者であるB社は、A社との継続的な売買契約に基づき購入した商品に瑕疵（契約不適合）があることを原因とする損害賠償請求権と、当行が差し押さえたA社のB社に対する貸金債権とを相殺すると主張し支払を拒絶しています。B社の主張する相殺は有効なのでしょうか。

Q40　預金相殺と差押え・債権譲渡 ………………………（髙橋泰史）… 225

　　　当行の預金者の定期預金債権が、預金者の債権者により差し押さえられました。当行は、預金者に対する貸付債権と定期預金債権とを相殺することにより、貸付債権を回収することができますか。貸金の返済を延滞している債務者が、定期預金を第三者に譲渡してしまった場合はどうでしょうか。

目　次

Q41　相殺と充当の順位 ………………………………（髙橋泰史）… 230

　　　取引先から、返済期限や利息等について異なる条件で複数の借
　　入れをしています。当社が当該取引先との間の取引に基づき有し
　　ている売掛金債権の回収のため、これらの借入れに基づく債務と
　　相殺した場合、どのような順序で充当が生じますか。
　　　また、取引先との間で締結している取引基本契約の中に、相殺
　　の充当の順序に関する特約がある場合はどうでしょうか。

XII　定型約款

Q42　定型約款に基づく契約解除と債権回収 ……………（髙橋泰史）… 239

　　　当社が発行したクレジットカードの利用者が、いわゆる反社会
　　的勢力に該当することが判明しました。カード利用規約上の暴力
　　団排除条項に基づき、当該利用者との間のカード利用契約を解除
　　した上で、カード利用に係る債権を回収することができますか。
　　また、回収することができるとして、回収にあたり留意すべき事
　　項はありますか。

Q43　変更後の定型約款に基づく債権回収 ………………（髙橋泰史）… 245

　　　当行の提供するカードローン利用者が反社会的勢力に該当する
　　ことが判明したため、利用規約の暴力団排除条項を適用し、実行
　　済みのローンを回収したいと考えています。当社は、当該利用者
　　からカードローン利用の申込みを受けた後の時点で、利用規約に
　　暴力団排除条項を追加する変更をしたのですが、この場合でも、
　　当該条項を適用することに支障はないでしょうか。また、そのほ
　　かに、利用規約の変更に関して留意すべき点が何かありますか。

XIII　取引先等の倒産と債権回収

Q44　債務者の法的倒産手続における集合債権譲渡担保の取扱い
…………………………………………………………（矢田　悠）… 253

　　　貸付金の担保として債務者から集合債権譲渡担保の設定を受け
　　ています。債務者について法的倒産手続が開始された場合、集合
　　債権譲渡担保はどのように取り扱われますか。

xvii

目　次

Q45　詐害行為取消権と否認権 ……………………………（髙橋泰史）… 258

> 取引先の信用不安により売掛金の回収に懸念が生じています。この取引先が、所有不動産を第三者に譲渡したり、当社以外の債権者に対してだけ返済をしたりしている疑いがあります。取引先の行為について、当社が詐害行為取消権を行使する場合と、取引先に破産手続が開始した後に破産管財人が否認権を行使する場合とでは、取消しや否認の対象となり得る行為の範囲に違いがあるのでしょうか。

Q46　債権者の供託請求権 ………………………………………（髙橋泰史）… 262

> 貸付債権の債務者から、譲渡制限特約が付されていることを知りながら、担保のため、売掛金債権の譲渡を受けました。今後、譲渡人について破産手続開始決定があったときには、どのような対応を取るべきですか。また、譲渡を受けた売掛金債権の債務者が、破産管財人に対して、弁済してしまったときはどうでしょうか。

I

消滅時効

Q1 債権の消滅時効期間と期限の利益の喪失

　債権の消滅時効の起算点や期間に関するルールはどのように変わりますか。また、契約に基づき期限の利益を喪失した債権の時効管理について留意すべき点はありますか。

A 　改正民法は、債権に関し、①権利を行使することができる時から10年間という現行法と同様の消滅時効期間に加え、②債権者が権利を行使することができることを知った時から5年間という規律を追加し、そのいずれか早い方の期間が満了した時に、消滅時効が完成することとしています。また、改正民法では、改正前民法に置かれていた職業別の短期消滅時効等が廃止され、上記の規律が一律に適用されることになります。

　また、このような変更にかかわらず、当然喪失事由に基づき期限の利益を喪失した債権については、改正前民法下と同様、当然喪失事由が客観的に生じた時点から、消滅時効期間の進行が開始するものとして管理することが適当であると考えられます。

1　時効期間の統一

⑴　短期消滅時効等の廃止

　改正前民法は、債権の消滅時効期間の原則として「債権は、10年間行使しないときは、消滅する」（改正前民法167条1項）と規定した上、職業別の債権に関する短期消滅時効は1年ないし3年間（改正前民法170条〜174条）、定期給付債権の短期消滅時効は5年間（改正前民法169条）とする特則を設けています。さらに、かかる短期消滅時効の適用を受けない債権であっても、商行為によって生じた債権については、5年間の商事消滅時効が適用されます（整備法による改正前商法522条）。

I 消滅時効

これに対し、改正民法においては、短期消滅時効および商事消滅時効が廃止され、債権の消滅時効に関し、「債権者が権利を行使することができることを知った時から5年間」（改正民法166条1項1号）または「権利を行使することができる時から10年間」（同項2号）のいずれか早い方の期間が満了したときに消滅時効が完成するという新たな規律が一律に適用されることにより、消滅時効期間が統一されます。なお、事業者の債権管理との関係で問題となることは少ないと考えられますが、改正民法においては、不法行為に基づく損害賠償請求権および生命・身体侵害による損害賠償請求権の消滅時効期間についての特則が設けられており、これらを含めた債権の消滅時効期間をまとめると、次の表のとおりとなります。

〔図表1〕消滅時効期間と起算点

	原　則	不法行為	生命・身体侵害
「知った時から」	5年間 （166条1項）	3年間 （724条1号）	5年間 （166条1項、724条の2）
「行使することができる時から」「不法行為の時から」	10年間 （166条2項）	20年間 （724条2号）	20年間 （167条）

(2) 時効管理への影響

現行法のもとにおいても、事業者の保有する債権の大部分は、5年間の商事消滅時効に服するため、改正民法が5年間の消滅時効を採用したことによって消滅時効期間が現実に短縮される場面は限定されます。むしろ、短期消滅時効が廃止されたことにより、従来、5年より短い時効期間が適用されていた職業別の債権についても、一律のルールが適用されるため、債権管理を簡素化できる面があるでしょう。

ただし、商法上の商人への該当性が否定されている事業者（信用金庫について最三小判昭63.10.18民集42巻8号575頁、信用協同組合について最二小判昭48.10.5金法705号45頁、農業協同組合について最二小判昭37.7.6民集16巻7号1469頁等参照）の保有する債権のうち商行為により生じたもの以外（取引の相手方が商人ではないもの）の消滅時効期間については、改正前民法のも

4

とでは10年間とされていたため、改正民法によって実質的に時効期間が5年間へと短縮される結果となることには留意が必要です。

2　時効の起算点に関する規律

(1)　「知った時から」（主観的起算点）

　改正民法は、5年間の消滅時効の起算点を「債権者が権利を行使することができることを知った時から」という債権者の主観にかからしめている点が、権利行使が客観的に可能となった時を起算点とする改正前民法と異なります。もっとも、債権の根拠となる契約に定められた確定期限が到来した場合など、権利行使が可能となる時点があらかじめ一義的に定まっている場合は、権利行使が客観的に可能となるのと同時に、債権者がそのことを知ったと認められるケースがほとんどであると考えられます。したがって、このような場面に関しては、改正民法下の債権の消滅時効期間の起算点は、改正前民法下と結論において変わりません。

(2)　期限の利益の喪失

　他方で、契約に基づく債権であっても、債権者が、権利行使が可能となるのと同時にそのことを認識したかが問題となり得る場面もあります。例えば、貸付債権については、金銭消費貸借契約に、債務者側に生じた一定の事由を原因として、期限の利益を喪失する旨の条項が設けられることが一般的ですが、期限の利益喪失事由が生じるのと同時に、債権者がそのことを認識するとは限りません。そして、期限の利益喪失事由の中でも、債務者の信用悪化を示す一定の事由が発生したときに催告等を要さず当然に期限の利益を喪失する効果を定めるもの（当然喪失事由）に関しては、債権者がその発生を了知したか否かにかかわらず、債務者の期限の利益を喪失させる効果を生じることになります（債務者や保証人について差押えがなされたことが当然喪失事由とされていたが、債権者が、差押えの事実を知らなかったような場合）。このようなケースでは、「債権者が権利を行使することができることを知った時」への当てはめとして、（契約に基づく効果である以上）当然喪失事由が発生した時点で「知った」と評価されるのか、当然喪失事由に該当する事実を現実に知ったときに初めて「知った」と評価されるのかが問題とな

Ⅰ　消滅時効

ります。

　この点については、改正前民法に関する判例が、不法行為に基づく損害賠償請求権の消滅時効の起算点としての「損害及び加害者を知った時」（改正前民法724条前段）について、加害者に対する賠償請求が事実上可能な状況のもとにおいて、被害者がその請求が可能な程度にこれらを知った時を意味すると判断している（最二小判昭48.11.16民集27巻10号1374頁）ことを参考とすることができます。そして、債権者としては、当然喪失事由の発生を知って初めて実際に権利行使が可能であると判断できるため、改正民法にいう「知った時」とは、債権者が当然喪失事由に該当する事実を現実に認識した時を指すと考えることが自然とも思われます。

　もっとも、このように解すると、現行法のもとで商事消滅時効の適用を受け、客観的に権利行使可能な時（当然喪失事由が発生した時点）から5年間で消滅時効が完成するものとされていた債権の消滅時効期間が、当然喪失事由の発生から10年間または債権者が当然喪失事由を知った時から5年間となり、改正前民法に比較して延長される結果が生じます。このような結論は債権者にとっては好ましい場合が多いと思われる一方、債務者の立場を不安定にする面があるため、実際の裁判において採用されるかには疑問があります。例えば、債権者が、当然喪失事由に直接該当する事実（上記の例では差押えの事実）自体を具体的に認識したとまでは認められなくとも、債務者の信用悪化の状況について相応の認識を有していたようなケースでは、かかる認識を基礎として権利行使が可能であることについての認識を有していると評価される可能性も想定しておいた方がよいでしょう。

　したがって、事業者における債権管理に際して、保守的な立場を取るとすれば、当然喪失事由が発生した後の時点でそのことを知った場合であっても、当然喪失事由が客観的に発生した時から消滅時効が進行する可能性があることを前提として、時効完成を阻止するための措置を講じるなどの適切な対応を図ることが必要です。

　なお、期限の利益喪失事由のうち、割賦払いの不履行があった場合に債権者の請求によって期限の利益を喪失させる効果を定めるもの（請求喪失事由）に関しては、改正前民法に関する判例において、債権者が残債務全額の

弁済を求める旨の意思表示をするまでは、各割賦金債務について約定弁済期の到来ごとに順次消滅時効が進行し、その意思表示がなされて初めて残債務全額についての消滅時効が進行するとされていたところ（最二小判昭42.6.23民集21巻6号1492頁）、この点については、改正民法下における債権管理に変更がもたらされることはありません。

3　経過措置

　消滅時効の改正については、「施行日前に債権が生じた場合におけるその債権の消滅時効の期間については、なお従前の例による」との経過措置が設けられています（改正民法附則10条4項）。そのため、契約上の債権については、債権が発生する根拠となる契約が締結された時点と改正民法施行の先後を基準として、改正民法に基づく規律が適用されるか否かが決せられることとなります。

実務のポイント

　改正民法の施行により、民法上の時効期間が、10年間から5年間に短縮されますが、従来から5年間の商事消滅時効の適用を受けていた債権に関しては、時効管理の態様を変更する必要はないと思われます。また、契約に基づき期限の利益を喪失した債権の時効管理に関しては、保守的な対応を取るとすれば、当然喪失事由が生じた時が5年間の消滅時効期間の起算点となると考えておくべきでしょう。

（髙橋泰史）

I　消滅時効

Q2　時効の完成猶予事由と更新事由

　債権の請求により消滅時効完成を阻止するためには、どのような手続を取ればよいでしょうか。

A 　改正民法において、債権の請求により消滅時効完成を阻止するためには、裁判上の請求、支払督促、訴え提起前の和解、民事調停・家事調停、倒産手続参加の方法があります。

　請求に係る権利が確定判決または確定判決と同一の効力を有するものによって確定した場合、時効はリセットされ、確定時から新たな時効が進行します（改正民法では、これを「時効の更新」と呼びます）。一方で、確定判決または確定判決と同一の効力を有するものによって権利が確定することなくその事由が終了した場合（訴えの取下げ等）は、裁判上の請求等が継続している間はもちろんのこと、その終了の時から6カ月を経過するまでの間、時効は完成しません（改正民法では、これを「時効の完成猶予」と呼びます）。

1　改正前民法の問題点

　改正前民法においては、「請求」、「差押え、仮差押え又は仮処分」および「承認」の事由が生じた場合に時効が中断し、同中断事由が終了した時から新たに時効が進行します（改正前民法147条、157条）。改正前民法147条1号の「請求」とは、権利者が時効によって利益を得ようとする者に対して、その権利内容を主張する裁判上および裁判外の行為を指し、具体的には、裁判上の請求、支払督促、和解のためにする呼出しおよび任意出頭、倒産手続参加、催告を含む概念と解されています。

　この点、「請求」および「差押え、仮差押え又は仮処分」の手続が、訴えの却下・取下げ、和解・調停における相手方不出頭・不調、倒産手続参加の

8

届出の取下げ・却下、差押え等の取消しなどにより途中で終了した場合、時効中断効は遡及的に生じないことになりますが（改正前民法149条〜152条、154条）、判例は、裁判上の請求や破産手続参加に裁判上の催告としての効力を認めており、これらの手続が取下げ等により途中で終了したとしても、手続終了時から6カ月以内に改正前民法153条所定の手続を履践すれば、時効が中断するものとしています（債権者破産の申立てを取り下げた場合について、最一小判昭45.9.10民集24巻10号1389頁。明示的一部請求の訴えにおいて、特段の事情がない限り、当該訴え提起は残部について裁判上の催告となるとした最一小判平25.6.6民集67巻5号1208頁）。

しかし、改正前民法では、このような判例の規律を条文から読み取ることができませんでした。

2　改正民法における概念の整理

改正民法においては、上記判例法理を前提に、一定の事由が存在する場合に一定期間時効が完成しないことを、「時効の完成猶予」と表現し、どのような事由が時効の完成猶予事由に該当するかを整理しました（条文上は、「時効は、完成しない」とも表現されています）。「時効の完成猶予」は、改正前民法における「時効の停止」と同じ概念です。

一方で、改正民法は、一定の事由が終了した後、時効がリセットされ、新たに時効期間の進行が開始することを、「時効の更新」と表現しました。これは、改正前民法における「時効の中断」と同じ概念です。すなわち、改正前民法における「時効の停止」は「時効の完成猶予」に、「時効の中断」は「時効の更新」に置き換えられることになります。

3　債権の請求等による時効の完成猶予および更新（改正民法147条）

改正民法147条1項は、「裁判上の請求」（1号）、「支払督促」（2号）、「訴え提起前の和解・民事調停・家事調停」（3号）、「倒産手続参加」（4号）を時効の完成猶予事由として規定し、確定判決または確定判決と同一の効力を有するものによって権利が確定することなくその事由が終了した場合（訴えの取下げ等）は、裁判上の請求等が継続している間はもちろんのこと、その

Ⅰ　消滅時効

終了の時から 6 カ月を経過するまでの間、時効は完成しないこととしました（同条 1 項柱書のかっこ書）。

　また、同条 2 項により、確定判決または確定判決と同一の効力を有するものによって権利が確定したときは、確定時より時効が更新され、新たな時効が進行することになります。改正前民法と同様、新たな時効が進行を開始した場合は、10年より短期の時効期間の定めがある場合であっても、時効は一律に10年となります（改正民法169条）。

4　その他の消滅時効完成阻止方法

　改正民法において、債権者が消滅時効完成を阻止する能動的方法としては、上記の裁判上の請求等のほか、①強制執行等（強制執行、担保権の実行、担保権の実行としての競売の例による競売、財産開示手続）、②仮差押え・仮処分、③催告、④協議を行う旨の合意があります（能動的方法以外では、権利の承認も時効更新事由です）。

　②は Q 5 、④は Q 4 で詳細な解説を行いますが、以下、①および③の概要を解説します。

⑴　強制執行等による時効の完成猶予および更新（改正民法148条）

　改正民法148条 1 項は、「強制執行」（ 1 号。差押えおよび差押えを経ない代替執行や間接強制等）、「担保権の実行」（ 2 号）、「担保権の実行としての競売の例による競売」（ 3 号。民事執行法195条の形式的競売）、「財産開示手続」（ 4 号。民事執行法196条）を時効の完成猶予事由として規定し、申立ての取下げまたは法律の規定に従わないことによる取消しによってその事由が終了した場合は、申立てが継続している間はもちろんのこと、その終了の時から 6 カ月を経過するまでの間、時効は完成しないこととしました（同条 1 項柱書のかっこ書）。

　また、同条 2 項により、申立ての取下げまたは法律の規定に従わないことによる取消しによってその事由が終了した場合を除いて、権利の満足に至らない時は、同条 1 項各号に掲げる事由が終了した時から新たな時効が進行します。

10

⑵　催告による時効の完成猶予（改正民法150条）

　改正前民法147条1号、153条において、「催告」は、6カ月以内に裁判上の請求等の手続を取ることで初めて時効中断効が認められており、時効の完成間際において一時的に時効完成を阻止するものとして、実質的には時効の停止事由として機能していました。

　そこで、改正民法では、催告は時効の完成猶予事由として位置付けられることになり、催告の時から6カ月を経過するまでの間、時効は完成しないものとされました（改正民法150条1項）。催告には、時効の更新としての効果はないことに留意が必要です。

　また、同条2項により、催告によって時効の完成が猶予されている間にされた再度の催告は、同条1項の規定による時効の完成猶予の効力を有しません。改正前民法では、催告を繰り返した場合の効果が規定されていませんでしたが、大判大8.6.30（民録25輯1200頁）は催告を繰り返すつど時効の完成が6カ月遅れることを否定しており、同項は、かかる判例法理を明文化したものです（部会資料69A・20〜21頁）。

　なお、同条2項は、裁判外の催告を繰り返した場合を想定しており、裁判外の催告に続いて裁判上の催告（訴え提起など）を繰り返した場合については解釈の余地が残されていると言えます。前掲最一小判平25.6.6は、時効期間満了前に裁判外の催告を行い、時効期間満了後、前の催告から6カ月以内に明示的一部請求の訴え提起により残部について裁判上の催告を行っていたと評価された事案において、後の裁判上の催告に時効中断効はないと判断された事案ですが、同判例の射程は明らかでなく、例えば、時効期間満了前に裁判外の催告を行い、時効期間満了後、前の催告から6カ月以内に破産手続参加の申立てをしたものの、権利の確定に至らずに手続が異時廃止になった場合など、訴え提起以外の方法により債権者としてすべきことをしたと評価できる事案については、なお結論を異にする余地があると考えられます（部会資料69A・24頁）。

　もっとも、実務上の対応としては、時効期間満了前に裁判外の催告を行った場合は、続いて裁判外でも裁判上でも催告を繰り返すことができないことを前提とし、迅速に裁判上の請求等を行うことが望ましいと考えられます。

I 消滅時効

とくに、裁判外の催告後は、一部請求でなく全部請求を行うよう留意すべきでしょう。

5 経過措置

改正民法施行日前に、改正前民法147条に規定する時効の中断の事由または改正前民法158条から161条までに規定する時効の停止の事由が生じた場合におけるこれらの事由の効力については、なお従前の例によることとされています（改正民法附則10条2項）。

実務のポイント

債権の請求による消滅時効完成の阻止については、改正前民法の内容と実質的に大きな差はなく、実務に与える影響は少ないと考えられますが、従来の「時効の停止」が「時効の完成猶予」に、「時効の中断」が「時効の更新」へ表現が変更されたため、改めて「時効の完成猶予」、「時効の更新」に該当する事由を把握することが重要です。

(増本善丈)

Q3 債権の一部請求と消滅時効

訴訟において債権の一部を請求した場合、残部の消滅時効については
どのように取り扱われますか。また、裁判外で催告をした後に一部請求
をした場合はどうでしょうか。

A 最一小判平25.6.6（民集67巻5号1208頁）の判示によると、改正
前民法のもとでは、明示的一部請求の訴えの提起は、残部について
の「裁判上の催告」に該当するとされています。したがって、その後の手続
としては、当該訴訟の終了後6カ月以内に裁判上の請求等（改正前民法153
条）を行うことにより、残部の消滅時効が中断します。改正民法の適用下に
おいても、同様の解釈が妥当することを前提とするならば、「催告」（改正民
法150条1項）として6カ月の時効完成猶予の効果が発生することになりま
す。

また、前記最高裁の判示によると、再度の催告は時効完成を阻止する効力
を有さず、改正前民法下では、第1の催告の後に、明示的一部請求の訴えの
提起がなされても、裁判上の請求等（改正前民法153条）の措置を取らない
限り、残部については時効中断効が生じません。改正民法の適用下において
も、同様の解釈が妥当することを前提とすれば、裁判外の催告から6カ月が
経過すれば、明示的一部請求訴訟の提起がなされても、時効完成の猶予期間
を経過している以上（改正民法150条1項）、残部について消滅時効が完成す
るものと考えられます。

1 民法の規定

(1) 改正前民法の規律

「催告」とは、債務者に対して履行を請求する債権者の意思の通知を意味

13

しますが、改正前民法には、催告は、6カ月以内に、裁判上の請求等をしなければ、時効中断の効力を生じない旨の定めが置かれています（改正前民法153条）。すなわち、催告は、暫定的な措置として時効の完成を6カ月間猶予するだけであって、独立の時効中断事由ではありません。

催告の後6カ月以内に中断手続が行われなければ、時効の完成は止めようがないため、「催告」は時効完成そのものを遅らせる「時効の停止」とは異なる概念ではあるものの、実質的な機能としては時効の停止に近いものと考えていいでしょう。

(2) 改正民法の規律

改正民法においては、改正前民法における「時効の中断」が「時効の更新」に変更され、改正前民法における「時効の停止」が「時効の完成猶予」に変更され、用語およびその概念が整理されました。

改正前民法の「催告」は上述のとおり中断事由でも停止事由でもない暫定的措置に関する概念ですが、上記(1)で述べた催告の機能を踏まえ、改正民法では、催告は時効の完成猶予事由として位置付けられることになりました。この結果、改正民法には、催告があったときは、その時から6カ月を経過するまでの間は、時効は完成しないとの定めが置かれています（改正民法150条1項）。

また同条2項には、再度の催告は時効の完成猶予の効力を有しない旨の規定が置かれることになりました。これは催告が繰り返されても時効中断の効力が生じないという判例法理（大判大8.6.30民録25輯1200頁）を明文化したものです。この、再度の催告に関する規定の適用対象は、通常の催告（裁判外の催告）であって、裁判上の催告（裁判所における一定の手続の中で債権の主張がなされた場合）までは含んでいないと考えられており、裁判上の催告については、今後の解釈に委ねられるべきものとされています。

よって、改正民法150条では、用語の変更や判例法理の明文化がなされていますが、改正前民法との比較において、特筆すべき実質的な内容の変更は見られません。

2 改正前民法下における最高裁判例

⑴ 一部請求訴訟と催告

　本設問についてみると、訴訟で、債権の一部請求を行った場合、その訴えの提起が消滅時効の規定との関連でどのように扱われるのかが問題となります。これについて改正前民法のもとにおける判例は、次のような解釈を採用していました。

　まず、明示的一部請求の訴え（可分な債権の一部についてのみ判決を求める旨を明示して提起される訴え）が残部についても、「裁判上の請求」に当たるとして消滅時効中断事由となり得るかという点が問題となります。しかし、これに関しては、裁判上の請求としての消滅時効の中断の効力はその一部についてのみ生ずるとする最二小判昭34.2.20（民集13巻２号209頁）が存在することから、残部について時効は中断しないと言えるでしょう。

　次に、訴訟上明示的一部請求を行っていることが、残部との関係で「裁判上の催告」に該当するかについては、前掲最一小判平25.6.6が参考になると思われますので、以下にご紹介します。

　同判例は、明示的一部請求訴訟の係属中は、債権者による残部についての権利行使の意思が継続的に表示されているものと見ることができるとして、そのような意思が表示されているとは言えない特段の事情のない限り、裁判上の催告として、残部につき、消滅時効の中断の効力を生ずると言うべきであると判断しています。したがって、訴訟係属中は裁判上の催告がなされていることになり、債権者は当該訴えに係る訴訟の終了後６カ月以内に改正前民法153条所定の措置を講ずることにより、残部について消滅時効を確定的に中断することができると判断されています。なお、同判例は、この判断の理由としては、①明示的一部請求の訴えにおいて請求された部分と残部とは、請求原因事実を基本的に同じくすること、および②債権者としては、将来にわたって残部をおよそ請求しないという意思のもとで請求を一部にとどめているわけではないのが通常の意思であることの２点を挙げています。

　したがって、同判例によりますと、本設問の前段の帰結としては、訴訟において明示的一部請求を行っていれば、それは「催告」に該当し、当該訴訟の終了後６カ月以内に裁判上の請求等（改正前民法153条）を行うことによ

り、消滅時効が中断するという取扱いがなされることになります。

⑵　一部請求の訴えと再度の催告

　同判例は、上記のとおり明示的一部請求の訴えが裁判上の催告に該当すると判断した上で、再度の催告との関係について、次のように判示しており、本設問の後段との関係で参考になるものと言えましょう。

　催告の繰返しによりいつまでも時効が完成しないことは、時効期間が定められた趣旨に反して相当ではないとし、催告から 6 カ月以内に再び催告をしても、第 1 の催告から 6 カ月以内に改正前民法153条所定の措置を講じなかった以上は、第 1 の催告から 6 カ月を経過することにより消滅時効が完成すると言うべきであると、再度の催告についての一般論を述べた上で、「この理は、第 2 の催告が明示的一部請求の訴えの提起による場合であっても異なるものではない」と判示しました。

　したがって、同判例によりますと、本設問の後段の場合は、裁判外で催告を行い、6 カ月以内に明示的一部請求の訴えを提起しても、残部に関しては、再度の催告を行ったにすぎないため、第 1 の裁判外の催告から 6 カ月が経過すれば、消滅時効が完成するという帰結となります。

3　改正民法の解釈

　改正民法は、明示的一部請求の訴えの提起と時効の完成猶予および更新との関係については、明文の定めを置いていないため、今後の解釈に委ねられることになります。

　前掲最一小判平25.6.6の射程に関しては、あくまで第 2 の催告が明示的一部請求の訴えの提起による裁判上の催告である場合についての判断を行ったものにすぎず、したがって、訴えの提起一般にまで、また裁判上の催告一般にまでその射程が及ぶか否かに関して議論があったため、この度の改正にあたっては、同判例を一般化する方向での明文化は避けられることとなりました。

　例えば、裁判上の催告の議論まで一般化できるかという問題に関しては、時効期間満了前に裁判外の催告を行い、時効期間満了後、前の催告から 6 カ月以内に破産手続参加の申立てをしたが、権利の確定に至らずに異時廃止と

なった場合など、訴えの提起以外の方法により債権者としてすべきことをしたと評価できる事案については、前掲最一小判平25.6.6の場合と結論を異にする余地があるものとの指摘がなされています（部会資料69Ａ・24頁）。

4　経過措置

改正民法150条の適用については、経過措置として、施行日前に時効の中断事由（改正前民法147条）または時効の停止の事由（改正前民法158条〜161条）が生じた場合におけるこれらの事由の効力については、なお従前によるとされています（改正民法附則10条2項）。

実務のポイント

改正民法には、第2の催告を「裁判上の催告」で行う場合についての直接の規律がなく、解釈に委ねられることとなっています。その解釈については、明示的一部請求の訴えの提起の場合に限って言えば、前掲最一小判平25.6.6の解釈によることが予想されますが、その他の「裁判上の催告」による場合には、議論が分かれており、消滅時効の取扱いが明らかとなっていない状況にあります。

したがって、実務上の留意点としては消滅時効の完成を阻止するためには、第1の催告によって時効の完成が6カ月猶予された場合には、その後の手続としては、議論の分かれる裁判上の催告によるのではなく、裁判上の請求等（改正民法147条）による確実な方法により、時効の完成を阻止する必要があると言えるでしょう。

（増本善丈）

Ⅰ　消滅時効

Q4　協議を行う旨の合意による時効の完成猶予

「協議を行う旨の合意」とはどのように活用することが考えられるでしょうか。また、「催告」の効果との関係はどのように理解すればよいでしょうか。

A 時効の完成間際に、書面または電磁的記録で協議を行う旨の合意を行うことによって、①その合意があった時から1年を経過した時、②その合意において当事者が協議を行う期間（1年に満たないものに限ります）を定めたときは、その期間を経過した時、③当事者の一方から相手方に対して協議の続行を拒絶する旨の通知が書面でされたときは、その通知の時から6カ月を経過した時のいずれか早い時まで、時効の完成を猶予することができます。

また、再度の催告には時効の完成猶予の効力が認められていないのと異なり、再度の協議を行う旨の合意は、最長5年の範囲で時効の完成猶予の効力を有します。ただし、催告によって時効の完成が猶予されている間に協議を行う旨の合意をしても、かかる合意は時効の完成猶予の効力を有せず、また、協議を行う旨の合意により時効の完成が猶予されている間に催告をしても、かかる催告には時効の完成猶予の効力は認められません。

1　改正前民法の規律および問題点

改正前民法においては、当事者間で権利に関する協議の合意がされた場合に時効の完成を阻止する方法は規定されておらず、当事者間において、権利をめぐる争いを自発的に解決するために協議を継続していても、時効の完成が間際となった場合には、その完成を阻止するためだけに時効中断の措置を取らざるを得ないという問題点がありました。

18

しかし、協議の継続中は、債権者が時効中断措置を取らないことをもって権利行使を怠っているとは言えず、債務者の側にも、協議を継続している以上は債権者が強硬手段に出ることはないだろうという期待があると言えるので、協議の継続中は、時効の停止の効力が生じ、債権者が時効完成を阻止するためだけに時効中断の措置を取ることを回避できるようにする必要があると考えられます。

一方で、仮に協議の合意に時効の完成を猶予する効力を認めたとしても、協議の継続中は当事者が証拠の保全に努めるのが通常であるため、これによって事実の曖昧化が生ずるおそれは大きくありません。また、改正前民法においても、義務の履行を請求する意思の通知にすぎない催告に時効完成を阻止する効力が認められていますが、協議の合意にも、債権者の債務者に対する権利行使の意思が表れていると言えます。

上記の点を考慮すれば、権利に関する協議の合意にも時効の完成を停止する効力を認めるべきであると考えられます（部会資料69A・21頁）。

2　改正民法における「協議を行う旨の合意による時効の完成猶予」の規律（新設）

⑴　改正民法151条１項

そこで、改正民法では、協議を行う旨の合意による時効の完成猶予の規定が新設されました。すなわち、権利についての協議を行う旨の合意が書面でされたときは、①その合意があった時から１年を経過した時（１号）、②その合意において当事者が協議を行う期間（１年に満たないものに限ります）を定めた時は、その期間を経過した時（２号）、③当事者の一方から相手方に対して協議の続行を拒絶する旨の通知が書面でされたときは、その通知の時から６カ月を経過した時（３号）のいずれか早い時まで、時効は完成しないことになります（時効の完成猶予）。

上記をまとめると次頁の表のとおりです（部会資料83-2・７頁）。

I　消滅時効

〔図表4〕協議を行う旨の合意と時効の完成猶予

協議の合意	期間の定めが ない場合	期間の定めがある場合	
		1年以上の期間の 定めがある場合	1年未満の期間の 定めがある場合
時効の完成猶予	①と③のいずれか 早い時まで	①と③のいずれか 早い時まで	②と③のいずれか 早い時まで

　①は、債権者が優位な立場を利用して債務者に長期間の協議の合意をさ
せ、その後全く協議を行わないという状態が継続することを防止するために
は、完成猶予期間を1年間と限定することが適切であり、他方で、当事者間
で実際に協議が継続していれば、新たな協議の合意をすることは容易である
ことから、当事者が1年よりも長期の協議の合意をした場合に、完成猶予の
期間を1年としても、当事者に特段不合理はないという趣旨で定められたも
のです（部会資料83-2・6頁）。

　②は、当事者が1年未満の期間を定めた協議の合意をした場合には、当事
者が合意した協議期間を完成猶予の期間としても特段弊害はなく、完成猶予
の期間をあえて1年に伸長する必要はないという趣旨で定められたものです
（部会資料83-2・6頁）。

　③は、協議の終了後、債権者が時効の更新に向けた措置を講ずるための期
間を確保する必要があることから、改正前民法153条（催告）に規定する期
間を考慮して、時効完成までに6カ月の猶予を定めたものです（部会資料
69A・22頁）。

　なお、協議を行う旨の合意（および協議の続行を拒絶する通知）に書面性
を要求することについては、債務者に書面の作成を求めるのは非現実的であ
り、債務者の交渉に対するモチベーションを失わせるおそれがあるとの意見
もありましたが、最終的には、書面性を要求することでまとまりました。書
面性を要求することにより、協議の合意や拒絶の通知の有無が明確になり、
紛争防止に役立つ効果があるものと考えられます（部会資料69A・22頁参照）。

(2)　改正民法151条2項（協議を行う旨の再度の合意の効果）

　改正民法151条1項により時効の完成が猶予されている間にされた再度の

20

協議の合意は、改正民法151条1項による時効の完成猶予の効力を有します。ただし、その効力は、時効の完成が猶予されなかったとすれば時効が完成すべき時から通じて5年を超えることができません。

改正民法151条1項により時効の完成が猶予されている間とは、同項1号および2号に該当する場合のみならず、3号（当事者の一方から相手方に対して協議の続行を拒絶する旨の通知が書面でされた時から6カ月以内）も含まれます。これは、拒絶の通知後であっても、その後に翻意して協議を再開することがあり得ることから、拒絶の通知後6カ月の間に改めて協議の合意をした場合も、新たな完成猶予事由に該当するとしたものです。

また、協議の合意による時効の完成猶予の期間が最長5年とされた理由は、消滅時効制度には証拠の散逸による立証困難から当事者を救済するという公益的側面があることから、当事者間の協議の合意による時効の完成猶予の効力を無制限に認めるのは妥当でなく、また、当事者間における協議が5年間を経過してもなお調わない場合、もはや自発的な紛争解決の見込みは薄いと考えられたことによります（部会資料80-3・5～6頁）。

(3) 改正民法151条3項

催告によって時効の完成が猶予されている間に改正民法151条1項の合意をしても、かかる合意は時効の完成猶予の効力を有しません。また、協議を行う旨の合意により時効の完成が猶予されている間に催告をしても、かかる催告には時効の完成猶予の効力は認められません。

つまり、催告と協議を行う旨の合意による時効の完成猶予は、併用できないということです。

(4) 改正民法151条4項・5項

改正民法151条1項の合意が、その内容を記録した電磁的記録（電子的方式、磁気的方式その他人の知覚によっては認識することができない方式で作られる記録であって、電子計算機による情報処理の用に供されるものをいいます）によってされたときは、書面によってされたものとみなされ、同条1項～3項の規定が適用されます。改正民法151条1項3号の、当事者の一方から相手方に対する協議の続行を拒絶する旨の通知についても同様です。

I 消滅時効

3 催告の効果との関係

改正民法において、再度の催告は時効の完成猶予の効力を有しませんが（改正民法150条2項）、再度の協議を行う旨の合意は、（最長5年の範囲内で）時効の完成猶予の効力を有するという点で、両者には大きな違いがあります（改正民法151条2項）。

また、2⑶に記載のとおり、催告と協議を行う旨の合意による時効の完成猶予は併用することができません。

協議の合意による時効の完成猶予は、当事者間での自主的な紛争解決を図るための期間であると同時に、債権者が時効の更新に向けた措置を講ずるための期間でもあり、催告と同様の趣旨に基づく時効の完成猶予事由です。そして、再度の催告に時効の完成猶予の効力が認められないことからすれば、協議の合意による時効の完成猶予と催告による時効の完成猶予を重複して認める必要がないと考えられたため、催告と協議を行う旨の合意による時効の完成猶予は併用できないこととされたのです（部会資料80-3・6頁）。

4 経過措置

改正民法151条の規定は、改正法施行日前に権利についての協議を行う旨の合意が書面でされた場合（その合意の内容を記録した電磁的記録（改正民法151条4項に規定する電磁的記録をいいます）によってされた場合を含みます）におけるその合意については、適用されません（改正民法附則10条3項）。

したがって、協議を行う旨の合意による時効完成猶予の効果を得るためには、協議を行う旨の合意書面を改正法施行日後に締結する必要があります。

実務のポイント

　協議を行う旨の合意による時効の完成猶予は改正民法における新設規定であり、今後の活用が望まれます。協議を行う旨の合意は、協議を行う期間の定めの長さが１年以内か否かによって時効の完成猶予の期間が異なるため、期間設定には注意が必要です。また、協議を行う旨の合意は、時効の完成が猶予されなかったとすれば時効が完成すべき時から通じて５年の範囲内で繰り返すことができるものの、催告と併用することはできない点にも留意すべきでしょう。

(増本善丈)

Ⅰ　消滅時効

Q5　民事保全手続による時効の完成猶予

　消滅時効の完成が迫った貸付債権について、債務者所有の不動産の仮差押えをすることにより時効完成を阻止しようと考えていますが、留意すべき点はありますか。

A　改正民法において、仮差押え・仮処分は、時効の更新事由（改正前民法における時効の中断事由）ではなく、時効の完成猶予事由（改正前民法における時効の停止事由）とされ、仮差押えまたは仮処分が終了した時から6カ月間、時効の完成が猶予されるにすぎないことになります。

　したがって、改正民法下において、消滅時効の完成が迫った債権について仮差押えまたは仮処分を行った場合、同手続の終了時から6カ月以内に本訴提起をしなければ時効が完成してしまいますので、時効の更新の効果を得るためには、仮差押え・仮処分終了後6カ月以内に本訴の申立てを行わなければならないことに留意が必要です。

1　改正前民法における議論

(1)　時効中断事由該当性

　改正前民法において、「仮差押え又は仮処分」は時効の中断事由（改正民法における時効の更新事由）とされています（改正前民法147条2号）。したがって、改正前民法下においては、仮差押えまたは仮処分によってその時までに進行してきた時効がリセットされ、仮差押えまたは仮処分の終了時から、再度時効が進行することになります。

　しかしながら、仮差押えまたは仮処分の開始に債務名義は不要で、同手続の後には本案の訴え提起または続行が予定されていますし、債権者が起訴命令に従わない場合には時効中断の効力は生じず（改正前民法154条、民事保

24

全法37条参照）、一方で、本案の訴えが提起された場合はそのことによって時効が中断します（改正前民法147条1号）。

このような保全手続の暫定性にかんがみれば、仮差押え・仮処分は、本案の訴えが提起されるまで時効完成を阻止するものにすぎず、実質的には時効の停止事由（改正民法における時効の完成猶予事由）として機能していると考えられます（部会資料69A・19頁）。

(2) 仮差押えまたは仮処分が途中終了した場合

改正前民法において、差押え、仮差押えまたは仮処分が取消しや取下げによって終了した場合（改正前民法154条）に、いわゆる「裁判上の催告」（これは、裁判所における権利主張が裁判上の請求その他完全な中断の効力を生ずる中断事由に当たらない場合、あるいはそれに当たるが訴えの却下等により中断の効力が失効した場合に、その権利主張が継続する間中、「催告」としての効力を認めようとする考えです）としての効力が認められるかについては見解が分かれています。

そもそも、催告とは、相手方に対して義務の履行を要求する意思の通知であり、実質的にこのようなものであればその形式や方法のいかんを問わないとされています。また、裁判上の催告としての効力が認められる根拠は、当該手続の間、権利行使の意思が継続的に表示されていると見ることができるからであると考えられます（最一小判平25.6.6民集67巻5号1208頁参照）。

この点、改正前民法147条1号の「請求」に属する中断事由（裁判上の請求、支払督促、和解のためにする呼出しおよび任意出頭、破産手続参加を含みます）は、いずれも権利の確定を目的とした手続であり、手続が終了するまでの間、債権者の債務者に対する権利行使の意思が継続的に表示されていると言えることから、手続が権利の確定に至らず途中で終了した場合であっても裁判上の催告としての効力が認められると考えられています。

一方で、差押え、仮差押えまたは仮処分については、改正前民法147条が「請求」と「差押え、仮差押え又は仮処分」とを別個の時効中断事由として規定していることを根拠として、差押え、仮差押えまたは仮処分には請求の意思が包含されていないと主張する見解もあります。しかし、起草者によれば、両者が別個に規定された理由は、差押え、仮差押えまたは仮処分を中断

Ⅰ　消滅時効

事由とする必要はあるものの、言葉として、請求の中に差押えを含ませるのが困難であるためであると説明されており、請求と別個の時効中断事由と規定されているという理由に基づいて、差押え、仮差押えまたは仮処分について裁判上の催告としての効力を否定することは説得的ではありません。

　この点、差押え、仮差押えまたは仮処分は、権利の確定を予定しているものではありませんが、いずれも権利の満足に向けられた手続ですから、手続の申立ての中に債務者に対する権利行使の意思が包含されており、債務者への通知・送達によって催告がされたと見ることができます。そして、債権者としては、手続の継続中はその成り行きを見守るのが当然であり、この間に時効中断の措置を別途取ることを要求することは酷と言えるため、手続の帰趨が明らかになるまでの時間の経過については、債権者に不利に考慮すべきではなく、その手続の継続中は権利行使の意思も継続して表示されていると考えるべきでしょう（部会資料69A・16〜17頁）。

2　改正民法における規律

　改正民法においては、上記の点を考慮し、仮差押えまたは仮処分が時効の完成猶予事由とされ、手続が終了した時から6カ月間は、時効の完成が猶予されることになります（改正民法149条）。この範囲においては、取消しや取下げによって終了した場合であっても、時効完成を阻止する効果を生じることが明確になったと言うことができます。

　ここで注意が必要なのは、改正前民法と異なり、仮差押えまたは仮処分は、本案の訴えが提起されるまでの間、時効完成を阻止するにすぎないものとして完成猶予事由に位置付けられており、時効の更新（改正前における時効の中断）の効力は一切認められないということです。

　したがって、改正民法下において、消滅時効の完成が迫った債権について仮差押えまたは仮処分を行った場合、同手続の終了時から6カ月以内に本訴提起をしなければ、時効が完成してしまうことになります。

　なお、改正前民法147条2号では、「差押え、仮差押え又は仮処分」として、「差押え」と「仮差押え・仮処分」が同じ条項に列挙されていましたが、改正民法においては、差押えは「強制執行」として、仮差押えまたは仮処分と

異なる規律に服することになります（改正民法148条1項1号）。改正民法における差押え（強制執行）は、申立ての取下げまたは法律の規定に従わないことによる取消しによってその事由が終了した場合を除き、差押えの事由が終了した時から新たにその更新を始める（時効の更新事由）ことになりますので、法的効果が全く異なります。差押えと仮差押え・仮処分を混同しないように注意して下さい。

3　経過措置

　施行日前に、改正前民法147条に規定する時効の中断の事由または改正前民法158条から161条までに規定する事項の停止の事由が生じた場合におけるこれらの効力については、なお従前の例によることとされています（改正民法附則10条2項）。

　したがって、施行日前に「仮差押え又は仮処分」を行った場合には、改正前民法の規律に服することになります。

実務のポイント

　改正民法においては、仮差押え・仮処分が終了した時から6カ月間は、時効の完成が猶予されることになります。改正前民法と異なり、仮差押えまたは仮処分に時効の更新（改正前における時効の中断）の効力は一切認められないことに留意すべきでしょう

　改正民法下において、消滅時効の完成が迫った債権について仮差押えまたは仮処分を行った場合、同手続の終了時から6カ月以内に本訴提起をしなければ、時効が完成してしまいますので、仮差押え・仮処分を行った場合は、同手続が終了した後6カ月以内に本訴の申立てを行うことが重要です。

（増本善丈）

Ⅰ　消滅時効

Q6　連帯保証人に対する請求と消滅時効

　　主債務者が所在不明となった場合に、連帯保証人に対して履行を請求することによって、消滅時効の完成を阻止することができますか。

A　改正民法では、連帯債務の場合における履行の請求が絶対的効力事由から相対的効力事由に転換されたため、これを準用する連帯保証の場合についても当該改正の影響が及ぶこととなりました。

　すなわち、債権者が連帯保証人に対して履行の請求をした場合に、相対的効力を定める規定が準用される結果、連帯保証人に対し履行の請求を行っても、主たる債務者について履行の請求があったのと同じ効果は生じないこととなります。したがって、主たる債務者について履行の請求がない以上、主たる債務について時効の完成が猶予されることはありません。

　もっとも、債権者が主たる債務者との間で、債権者が連帯保証人に対して履行の請求を行ったときには主たる債務者にもその効力が及ぶことを内容とする特約を事前に合意していれば、履行の請求に絶対的効力を付与することができ、これによって主たる債務についても時効の完成猶予の効果を得ることが可能となります。

1　改正前民法の規律

　改正前民法では、連帯保証人について生じた事由の効力に関しては、「第434条から第440条までの規定は、主たる債務者が保証人と連帯して債務を負担する場合について準用する」（改正前民法458条）として、連帯債務の規定が準用されています。

　ここで準用される連帯債務の規定のうち、履行の請求についての定めは、改正前民法434条にあり、「連帯債務者の1人に対する履行の請求は、他の連

28

帯債務者に対しても、その効力を生ずる」（改正前民法434条）と規定されています。なお、ここでいうところの「履行の請求」とは、裁判上の請求も裁判外の請求（催告）も含むと考えられています。

改正前民法434条によれば、債権者が連帯債務者の１人に対して、履行の請求をしたときは、他の連帯債務者に対する履行の請求があったのと同じ効力が生じ（絶対的効力）、その結果として、他の連帯債務者についても、期限の定めない債務についての履行遅滞（民法412条３項）や、請求による消滅時効の中断（改正前民法147条１号、153条）の効力が及びました。

したがって、債権者が連帯保証人に対して履行の請求をした場合には、改正前民法の適用下においては、連帯債務の規定が準用され、主たる債務者に対しても履行の請求があったのと同じ効力が生じ（改正前民法458条、434条）、その結果として主たる債務についても、請求による消滅時効の中断効が生じ（改正前民法147条１号、153条）、時効の完成を阻止することができました。

2 改正民法の規律

⑴ 連帯保証人について生じた事由

改正民法下でも、連帯保証人について生じた事由に関しては、「第438条、第439条第１項、第440条及び第441条の規定は、主たる債務者と連帯して債務を負担する保証人について生じた事由について準用する」（改正民法458条）として、連帯債務における絶対的効力と相対的効力に関する規定が準用されています。

⑵ 改正前民法434条の削除

そこで、改正民法の連帯債務における履行の請求の効力について見ると、履行の請求を絶対的効力事由と定める改正前民法434条が削除されていることがわかります。

履行の請求を絶対的効力事由とすることに対しては、連帯債務者間の関係は様々であって必ずしも主観的な共同関係が強い場合ばかりではなく、その関係が希薄な場合に履行の請求を受けていない他の連帯債務者が、自らの与かり知らぬところで、履行遅滞に陥ったり、消滅時効が中断されたりすると

いった不利益が指摘されていました。このような不利益を解消するため、この度の改正では、履行の請求を絶対的効力事由とする定めが削除され、連帯債務の原則どおり相対的効力を有するものとして位置付けられることとなりました。

　そして、改正民法では、連帯債務者について生じた事由に関し、「第438条、第439条第1項及び前条に規定する場合を除き、連帯債務者の1人について生じた事由は、他の連帯債務者に対してその効力を生じない」（改正民法441条本文）との定めが置かれることとなりました。

　これによれば、改正後も依然として絶対的効力事由とされている更改（改正民法438条）、相殺（改正民法439条1項）、混同（改正民法440条）を除き、連帯債務者の1人について生じた事由は相対的効力を有するにすぎないことになります。すなわち、改正前民法では、履行の請求（改正前民法434条）、免除（改正前民法437条）、時効の完成（改正前民法439条）が絶対的効力事由として挙げられていましたが、この度の改正により、これらの事由については、絶対的効力事由から相対的効力への転換が図られたということになります。

　もっとも、明文上の定めはないものの、債権の満足をもたらすという性質ゆえに、弁済、代物弁済、および供託については、改正前民法における解釈と同様に、依然として絶対的効力事由として解されており、この点は、改正の前後で変わりはありません。

(3) 特約による手当

　上記(2)のとおり、改正によって、絶対的効力事由の規定が一部削除され、相対的効力のみを有する事由が増えました。しかし、場合によっては、相対的効力しか有しないとされた事由であっても絶対的効力を持たせたいといった要請も想定されます。ここで、当事者の合意によって、絶対的効力事由を作り出すことが可能かということが問題となります。

　この点、相対的効力のみを有するとされている事由は、連帯債務の存否または内容を実体法上変動させるものであり、その効力が相対的であることによる利益は、当事者が任意に処分できる性質のものであって、それゆえ、当事者間の特約によって、絶対的効力を付与することができるのが相当である

との考えから、相対的効力に関する規定は任意規定と考えられています。

　このことを明示したのが、「ただし、債権者及び他の連帯債務者の１人が別段の意思を表示したときは、当該他の連帯債務者に対する効力は、その意思に従う」（改正民法441条ただし書）との規定になります。

　したがって、改正民法により原則として相対的効力しか有さないとされた事由を、特約によって絶対的効力事由とすることが可能となります。

　さてここで、「別段の意思の表示」とは、どの当事者間におけるものを指すのかという問題が生じます。これについては、連帯債務者の１人に生じた事由が他の連帯債務者のうちのある者に対して効力を生ずるかどうかは、他の連帯債務者にとって有利な場合（例：時効の完成）もあれば、不利な場合（例：履行の請求）もあることを踏まえ、その効力が及ぶかどうかが問題となる他の連帯債務者と債権者との間に特約の合意が必要です。すなわち、連帯債務者Ａ、Ｂ、Ｃがおり、Ａに生じた事由をＢにも及ぼしたい場合には、債権者とＢとの間で、Ａに生じた事由がＢに対しても効力を有することを合意する必要があります（Ｃの合意は必要ありません）。

⑷　帰結

　以上より、改正民法の適用下においては、債権者が連帯保証人に対して履行の請求をした場合には、相対的効力を定める連帯債務の規定が準用されることとなり（改正民法458条）、連帯保証人に対し履行の請求を行っても、それはあくまで当該連帯保証人との関係で効力を生じるにとどまり、主たる債務者について履行の請求があったのと同じ効果は生じることはありません（改正民法441条本文）。したがって、主たる債務者について履行の請求がない以上、主たる債務について時効の完成が猶予されることはありません。

　もっとも、債権者が主たる債務者との間で、債権者が連帯保証人に対して履行の請求を行ったときには主たる債務者にもその効力が及ぶことを内容とする特約（次に記載する条項例をご参照下さい）を合意していれば、当該特約によって履行の請求は絶対的効力事由となり（改正民法441条ただし書）、主たる債務者について履行の請求があったのと同じ効果が生じ、主たる債務についても時効の完成猶予の効果を得ることが可能となります（改正民法147条、150条）。

Ⅰ　消滅時効

○連帯保証人に対する履行の請求に絶対的効力を生じさせる条項例

> 　民法441条本文、同法458条の規定にかかわらず、甲（債権者）による連帯保証人○○に対する対する履行の請求は、乙（主債務者）に対する関係においても絶対的効力を有し、その時効の完成を猶予し、更新するものとする。

3　主たる債務者に対する履行の請求

　なお、本設問とは離れますが、主たる債務者について生じた事由の効力は、改正民法457条１項にその定めがあり、「主たる債務者に対する履行の請求その他の事由による時効の完成猶予及び更新は、保証人に対しても、その効力を生ずる」と規定されているため、この場合には、連帯保証人に対する履行の請求の場合と異なり、特約による手当ての必要性はありません。

　当該規定は、保証債務の附従性に根拠を置くものであって、改正前民法457条１項から文言の修正（「中断」と「完成猶予及び更新」）はありますが、その内容において変更はありません。

4　経過措置

　保証債務に関しては、「施行日前に締結された保証契約に係る保証債務については、なお従前の例による」との経過措置が設けられています（改正民法附則21条１項）。そのため、保証債務の発生原因たる保証契約の締結時点と改正民法施行の先後を基準として、改正民法に基づく規律が適用されるか否かが決せられることなります。

Q 6　連帯保証人に対する請求と消滅時効

実務のポイント

　改正民法の施行により、連帯債務の規定に関して、履行の請求が絶対的効力事由でなくなったため、それを準用する連帯保証の場合もその影響を受けることとなりました。したがって、改正民法施行後に締結される（連帯）保証契約に関して、連帯保証人に対する履行の請求について、主たる債務者にもその効力を及ぼしたい、すなわち絶対的効力事由としたい場合には、主債務者との間でその旨の特約を合意する必要があります。

（増本善丈）

Ⅰ　消滅時効

Q7　連帯債務者の1人について時効が完成した場合

　　連帯債務者のうちの1人が所在不明となりました。この連帯債務者について消滅時効が完成した場合、他の連帯債務者に対する請求をすることができますか。

A　　改正民法では、時効の完成が絶対的効力事由から相対的効力事由に転換されたため、連帯債務者の1人のために時効が完成しても、その効力は、他の連帯債務者に対して影響を与えません。したがって、本設問の事例では、債権者は他の連帯債務者に対し、債権全額を請求することができます。ただし、債権者と他の連帯債務者との間で、事前に時効の完成が他の連帯債務者に及ぶ旨の合意をしていた場合には、当該合意に従って、合意をした当該連帯債務者については、消滅時効の効力が及ぶ結果、請求することができなくなりますので、債権者としては留意が必要です。

1　改正前民法

⑴　改正前民法の規律

　改正前民法は、連帯債務者の1人について消滅時効が完成した場合につき、「連帯債務者の1人のために時効が完成したときは、その連帯債務者の負担部分については、他の連帯債務者も、その義務を免れる」（改正前民法439条）と定めています。すなわち、時効の完成は、連帯債務者の1人について生じた事由が他の連帯債務者にも影響する、いわゆる絶対的効力事由として規定されています。また、この絶対的効力が影響を及ぼす範囲は、時効が完成した連帯債務者の「負担部分」に限定されています。

　改正前民法において、時効の完成が絶対的効力事由とされた趣旨は、仮に、時効の完成が他の連帯債務者に影響を及ぼさなければ、求償の循環が生じて

34

費用がかかり、かつ求償が循環している間に無資力者が現れるという不公平が生じるという不都合を避ける点にあったとされています（部会資料67A・10頁）。

改正前民法を適用した場合の具体的帰結について見ると、例えば300万円の連帯債務が存在し、負担部分が平等な連帯債務者A、B、およびCがいるものとします。そこでAのために時効が完成した場合には、BおよびCの連帯債務は200万円に縮減し、債権者はその限度でしか請求ができないという結果となります。

(2) 改正前民法の規律の問題点

しかし、このような改正前民法の定めに対しては、次のような問題点が指摘されています。

先ほどの事例において、債権者が、十分な資力を有する連帯債務者AまたはBからの債権回収を期待していたため、AとBについてのみ消滅時効が完成しないように時効管理を行う一方で、資力がなく回収の期待ができないCについては時効管理を行っていなかった結果、Cについてだけ消滅時効が完成したケースを想定してみましょう。改正前民法の規定が適用されると、Cについて時効が完成すれば、Cの負担部分に関して連帯債務が縮減し、回収を期待していたAとBに対する債権が時効による影響を受けて縮減してしまい、債権者の期待に反することになります。さらに、Cの負担部分は、連帯債務者間の内部的な取決めにすぎないため、仮にCの負担部分が連帯債務全額分であった場合には、債権者が債権の全額回収ができなくなり、債権者にとって予期せぬ事態が発生してしまいます。

もちろんこうした事態は、債権者がすべての連帯債務者について時効中断措置を取っておくことにより回避することは可能ですが、そもそもこうした過大な時効管理のリスクを債権者に負わせること自体が改正前民法の規定の問題であるとの指摘がなされ、時効の完成については相対的効力事由にとどめることが望ましいのではないかとの議論がなされていました。

I 消滅時効

2 改正民法

⑴ 改正民法の規律

　上記のような議論を受け、改正民法では、時効完成を絶対的効力事由と定める改正前民法439条は削除され、連帯債務の原則どおり、改正民法441条（438条、439条1項および440条に規定する場合を除き、連帯債務者の1人について生じた事由は、他の連帯債務者に対してその効力を生じない。ただし、債権者および他の連帯債務者の1人が別段の意思を表示したときは、当該他の連帯債務者に対する効力は、その意思に従う）によって規律されることとなり、改正民法の適用下では、時効の完成は相対的効力を有するにとどまることとなりました。

　なお、この度の改正で、絶対的効力事由から相対的効力事由への転換が図られたものには、本設問で取り扱う時効の完成のほか、履行の請求（改正前民法434条）および免除（改正前民法437条）の規定がありますが、これらについての詳細はQ18に譲ります。

⑵ 帰結

　以上より、改正民法の適用下においては、連帯債務者の1人について消滅時効が完成した場合、当該連帯債務者について生じた事由は他の連帯債務者に対してその効力を生じず（改正民法441条本文）、債権者は他の連帯債務者に対して、連帯債務全額について請求ができるという帰結になります。

　もっとも、Q6で述べたように、場合によっては相対的効力しか有しないとされた事由であっても絶対的効力を持たせたいといった要請も想定されることから、改正民法は同時に改正民法441条ただし書を置いて、当事者間の合意（特約）によって、相対的効力しかないものであっても絶対的効力を持たせることができることを明文化しました（「ただし、債権者及び他の連帯債務者の1人が別段の意思を表示したときは、当該他の連帯債務者に対する効力は、その意思に従う」）。そのため、こうした特約が存在する場合には、改正前民法の適用下と同様に、他の連帯債務者についても時効完成の効力が及びますので、債権者としては留意が必要です。

　なお、改正民法441条ただし書にいう別段の意思の表示が、効力が及ぶかどうかが問題となる他の連帯債務者と債権者との間における合意を意味する

ことはＱ６で述べたとの同様であり、当事者間の合意は、相対的効力事由の効力を及ぼしたい連帯債務者を当事者とする必要があります。例えば、ＡとＢという連帯債務者が２名いる場合、Ａについて生じた相対的効力事由の効力をＢに及ぼしたいときには、ＡではなくＢが合意の当事者となる必要があります。

3　求償の問題

　以上、改正民法によれば、当事者間の特約がない限り、時効完成の効果は他の連帯債務者には及ばないため、相対的効力により時効完成の影響を受けていない連帯債務者は、依然として債権者に対して全額の債務を負っているということになります。

　では、この連帯債務者が債権者に対して当該債務の弁済を行った場合、それ以後の求償関係はどのような取扱いとなるのでしょうか。

　時効完成の影響を受けていない他の連帯債務者の求償権に関しては、改正民法では「連帯債務者の１人に対して債務の免除がされ、又は連帯債務者１人のために時効が完成した場合においても、他の連帯債務者は、その１人の連帯債務者に対し、第442条第１項の求償権を行使することができる」（改正民法445条）とされ、その求償権の内容は、「その免責を得た額が自己の負担部分を超えるかどうかにかかわらず、他の連帯債務者に対し、その免責を得るために支出した財産の額（その財産の額が共同の免責を得た額を超える場合にあっては、その免責を得た額）のうち各自の負担部分に応じた額の求償権」（改正民法442条１項）と定められています（なお、改正前民法では「各自の負担部分について求償権を有する」と規定されており（改正前民法442条）、負担部分を超えないと求償権は発生しないとされていましたが、改正されていますので、この点は留意が必要です）。

　したがって、連帯債務者が弁済を行ったときは、その連帯債務者の負担部分を超えていなくても、時効の完成した連帯債務者に対してその負担部分について求償することができます。

　では、時効が完成した連帯債務者が当該求償に応じた場合、時効が完成しているのに求償に応じたことを理由として、同連帯債務者が債権者に対して

I 消滅時効

さらなる求償（不当利得返還請求）を行うことはできるのでしょうか。

これについては、改正民法には明文の規定は置かれていませんが、解釈上債権者に対する求償はできないものと理解されています。その理由は、債権者が弁済によって得た金銭は、時効が完成していない連帯債務者に対して有する債権に基づいて受けたものであって、その利得に法律上の原因があり、時効が完成した債務についての連帯債務者の損失により利得を受けたという関係にはなく、不当利得返還請求権は発生しないためとされています（部会資料67A・11頁）。

したがって、時効が完成した連帯債務者が他の債務者の求償に応じた場合には、それ以上の求償は続かず、求償の循環の問題は生じないということになります。

4 経過措置

連帯債務の規定の適用に関して、施行日前に生じた連帯債務（原因である法律行為が施行日前にされたものを含む）については、なお従前の例による旨の経過措置が設けられています（改正民法附則20条2項）。そのため、連帯債務の発生またはその原因となる法律行為と改正民法施行の前後を基準として、改正民法に基づく規律が適用されるか否かが決せられることなります。

実務のポイント

　改正民法の施行により、連帯債務の規定に関して、時効の完成が絶対的効力事由でなくなり、他の連帯債務者にその影響が及ばないこととなりましたので、債権者の連帯債務者に対する時効管理の負担が軽くなり、資力のある債務者の時効管理に集中することができるようになりました。もっとも、絶対的効力事由とする旨の特約が存在する場合は、改正前民法と同様に、連帯債務の総額が縮減するおそれがあることから、債権者としては留意が必要です。

　また、時効が完成した者ではない他の連帯債務者であって、債権者に弁済を行った者に関しては、改正前と求償できる範囲が異なるので、その点も留意が必要です。

（増本善丈）

II

債務不履行の責任等

Q8　債務不履行に基づく損害賠償請求

1　商品を買主に販売し、代金は後払いとしていましたが、買主の代金の支払が約定支払日から10日遅れました。損害賠償請求できる金額はどのようになりますでしょうか。

2　店舗用不動産の購入にあたり売買契約を締結しましたが、売主が不動産の引渡しを履行しません。営業上の損失等を売主に対して請求したいと考えていますが、どのような範囲の損害について損害賠償請求をすることができますか。

A　1　約定の代金支払日を経過してから現実に支払われた日までの10日分については、遅延損害金を請求することができます。金銭債務についての遅延損害金は、契約に定めのない場合には、法定利率に基づき算定されることになりますが、法定利率は従来の年5％から年3％（その後は3年ごとに見直しがなされる変動制）に変更されましたので、算定する際の利率については注意が必要です。

2　不動産の引渡しが遅滞したことによる営業上の損失については、買主が当該不動産を店舗として利用し、営業を開始することを売主が知っていた場合のように、売主がその損失を予見すべきであったと言える場合には請求することができます。もっとも、売主が損失を予見すべきであったことおよび損害額の立証は、買主においてする必要があります。

　なお、売買契約に際して、売主の債務不履行についての損害賠償額を予定する条項を設けていた場合には、原則としてその予定された額について損害賠償を請求できます。

II 債務不履行の責任等

1 法定利率についての改正

(1) 改正前民法における法定利率

改正前民法における法定利率は年5％（商事法定利率は年6％（商法514条））とされていましたが（改正前民法404条）、今日の市場経済における金利水準とは大きく乖離している状況となっていました。

(2) 改正民法における法定利率

改正により、改正民法施行直後の3年間の法定利率は3％となり、また、その後は3年ごとに見直しがされることになりました（改正民法404条2項・3項）。このように法定利率が変動制となったため、ある元本債権の分割弁済中に法定利率に変更があった場合の扱いが問題となり得ますが、別段の意思表示がない限り、その元本債権にかかる利息が生じた最初の時点における法定利率を適用するとされています（改正民法404条1項）。また、金銭債務の不履行についての損害賠償については、債務者が遅滞の責任を負った時が基準時となり、その時点での法定利率が適用されることになりました（改正民法419条1項）。なお、かかる改正に伴い、商法514条の商事法定利率の規定は削除されることになりました（整備法3条1項）。

従来よりも法定利率が低くなりましたので、契約時に約定利率の定めを設ける必要性はより高まるものと考えられます。

○約定利率の条項例

甲が本契約に基づき乙に対する金銭債務の履行を遅滞した場合、甲は乙に対し、遅滞にかかる金銭債務と合わせて、これに対する年14.6％の割合（年365日の日割計算）による遅延損害金を支払うものとする。

2 債務不履行に基づく損害賠償の範囲についての改正

(1) 改正前民法における債務不履行に基づく損害賠償の範囲

債務不履行に基づく損害賠償の範囲について規定する改正前民法416条の解釈については、様々な学説が提唱されているところですが、有力な見解は、同条1項については、相当因果関係の認められる限度において損害賠償が認

められることを規定したものであり、同条2項については、相当因果関係の範囲内か否かを判断するための基礎とすべき特別の事情の範囲を示す規定であると解しています（相当因果関係説）。すなわち、通常生ずべき損害（通常損害）については、賠償請求が認められ、特別の事情によって生じた損害（特別損害）については、債務者がその特別の事情を「予見し、又は予見することができた」場合に限り賠償請求が認められることになります。判例も、改正前民法416条の規定は相当因果関係の範囲を明らかにしたものであると判示しており（大連判大15.5.22民集5巻386頁）、この相当因果関係説に従って検討するのが実務となっています。

　なお、特別の事情を「予見し、又は予見することができた」（改正前民法416条2項）との要件については、債務者が予見すべきであったか否かという規範的評価を問題とするものであると解されています。もっとも、「予見し、又は予見することができた」との文言からは、規範的評価を問題とするものであるということが明確ではなく、単に債務者が現実に予見していたか、予見することができたかという事実だけを問題としているようにも読めてしまうのではないかとの指摘もなされていたところでした。

(2)　改正民法における債務不履行に基づく損害賠償の範囲

　改正民法においては、特別損害について「特別の事情によって生じた損害であっても、当事者がその事情を予見すべきであったときは、債権者は、その賠償を請求することができる」（改正民法416条2項）と、規範的な評価に基づいて予見可能性を判断すべきことが明文化されています。

3　賠償額の予定についての改正

(1)　改正前民法における賠償額の予定

　改正前民法においては、当事者が予定した賠償額については、「裁判所は、その額を増減することができない」と規定されていましたが（改正前民法420条1項後段）、この規定にかかわらず、その賠償額の定めが公序良俗（改正前民法90条）に反するような場合には裁判所による減額がなされていました。

Ⅱ　債務不履行の責任等

⑵　改正民法における賠償額の予定

　改正前民法420条1項後段の規定では、公序良俗違反のような場合であっても裁判所が賠償額を減額することは許されないようにも読めてしまう懸念があるため、これを払拭するため、改正民法では、同項後段の一文が削除されています。

○賠償額の予定の条項例

> 　本契約第○条に基づく甲の乙に対する債務について履行がなされない場合には、甲は乙に対し、損害賠償金として金5,000,000円を支払うものとする。ただし、乙が、実際に被った損害を立証する場合において、乙が甲に対し、金5,000,000円を超える損害賠償を請求することを妨げない。

4　債務の履行に代わる損害賠償についての改正

⑴　改正前民法における債務の履行に代わる損害賠償

　改正前民法においては、債務の履行に代わる損害賠償（填補賠償）についての明文規定は存在しませんでしたが、実務上、一定の場合には債権者は解除をしないままでも債務の履行に代わる損害賠償を請求することを認めていました（大判昭8.6.13民集12巻1437頁）。

⑵　改正民法における債務の履行に代わる損害賠償

　改正民法では、債務の履行に代わる損害賠償が認められる場合が明確にされています（改正民法415条2項）。具体的には、「債務の履行が不能であるとき」（同項1号）、「債務者がその債務の履行を拒絶する意思を明確に表示したとき」（同項2号）および「債務が契約によって生じたものである場合において、その契約が解除され、又は債務の不履行による契約の解除権が発生したとき」（同項3号）に債務の履行に代わる損害賠償が認められると規定されています。

Q8 債務不履行に基づく損害賠償請求

5 中間利息の控除についての改正（設例とは直接関係しません）

⑴ 改正前民法における中間利息の控除

　中間利息控除とは、将来得られるべき利益（例えば不法行為による人身侵害における逸失利益等）についての損害賠償額を現時点に引き直して算定する場合に、損害賠償額算定の基準時から逸失利益等を得られたであろう時までの利息相当額を控除することを言います。

　かかる中間利息の控除についての明文規定は改正前民法には存在しませんでしたが、実務においては中間利息控除がなされるのが一般的であり、また、控除に用いる割合は法定利率とされていました（最三小判平17.6.14民集59巻5号983頁）。

⑵ 改正民法における中間利息の控除

　そこで、改正民法では、かかる中間利息控除の考え方を明確にするために、417条の2を新設し、中間利息控除を損害賠償請求権の生じた時点の法定利率に基づき行うことを明確にしました。控除に用いる割合が法定利率であるとの考えに変更はありませんが、前述のとおり、法定利率が変更されたことに伴って控除割合も変更されることになります。

6 経過措置

　債務不履行による損害賠償請求および損害賠償の範囲については、債務の発生と改正民法施行の先後を基準として（改正民法附則17条1項）、中間利息の控除については、損害賠償請求権の発生と改正民法施行の先後を基準として（改正民法附則17条2項）、債務者が遅滞責任を負った場合の遅延損害金を生ずべき債権に係る法定利率については、遅滞責任の発生と改正民法施行の先後を基準として（改正民法附則17条3項）、賠償額の予定については、賠償額の予定に係る合意と改正民法施行の先後を基準として（改正民法附則17条4項）、改正民法に基づく規律が適用されるか否かが決せられることとなります。

47

II　債務不履行の責任等

実務のポイント

　債務不履行に基づく損害賠償に関しては、法定利率の変更の点を除き、改正民法の影響を受けることはないものと考えられます。法定利率の変更に伴い、法定利率を前提とした表計算シートを利用している場合には、その修正が必要となります。また、金銭債務の不履行があった場合に備え、法定利率を上回る約定利率に基づく損害賠償を支払う旨の規定を契約に盛り込んでおくこともより重要になったと言えます。

　また、改正前民法においても同様に妥当することですが、損害賠償の範囲については、債権者としては、立証の困難を避けるために、損害賠償額を予定する条項を契約に盛り込むという対応や、想定できる損害を契約書に例示列挙しておくなどの対応も視野に入れておくことが実務における留意点となります。

（荒井隆男）

Q9 債権者の受領遅滞により生じた費用の回収

　売買契約に基づいて商品を履行期に取引先に納品しようとしたのですが、受領を拒絶されてしまっています。代金に加えて取引先が受領するまでの間の保管費用が発生していますので、これも代金と合わせて回収したいと考えていますが、買主に請求をすることはできるのでしょうか。

Ⓐ　売買契約における引渡債務を履行すべく納品しようした、すなわち履行を提供したにもかかわらず、債権者が受領を拒絶している場合には債権者の受領遅滞が生じることになります。そして、債権者の受領遅滞の効果の1つには、受領遅滞により増加した履行のために要する費用が債権者の負担となるというものがあります。したがって、本設問における売主としては、取引先に対して売買代金に加えて、受領遅滞から取引先が受領するまでに要した保管費用についても請求することができます。なお、債権者の受領遅滞に関する改正はかかる結論に影響せず、かかる結論は改正の前後を通じて妥当します。

1　債権者の受領遅滞についての改正

⑴　改正前民法における債権者の受領遅滞

　債務者が債務の履行を完了するためには、目的物の受領など債権者の協力を必要とする場合があります。例えば、動産の売買契約においても、売主の引渡債務については、買主が債務の目的物を受領することで同債務の履行が完了するのが一般的です。

　このような債権者の協力によって履行が完了する債務について、債権者（買主）の協力が得られないために履行が完了できない場合にまで、債務者が履行遅滞（債務不履行）の責任を負うというのでは当事者間の公平が著し

49

II 債務不履行の責任等

く害されることになります。

そこで、債務者が履行を提供してなすべきことをなした場合には債務者を履行遅滞の責任から解放することと合わせ、むしろ債権者の責任を問えるようにする受領遅滞の制度が必要となります。この点、改正前民法においては、「債権者が債務の履行を受けることを拒み、又は受けることができないときは、その債権者は、履行の提供があった時から遅滞の責任を負う」（改正前民法413条）と規定されていました。債権者が「債務の履行を受けることを拒」んだときとは、いわゆる受領拒絶の場合であり、本設問のように、債務者が目的物を持参したのに債権者がこれをあえて受け取らないような場合や、使用者が工場や会社のオフィスを閉鎖し、労働者の労務を提供する債務の受領を拒むような場合が例として挙げられます。債権者が債務の履行を「受けることができないとき」とは、いわゆる受領不能の場合であり、債務者が目的物を持参して債権者を訪問したにもかかわらず、債権者が留守にしていたような場合や、売買目的物を特定の日時に特定の港へ船で受け取りに行く契約において、債権者の船が沈没してしまった場合が例として挙げられます。

また、受領遅滞の効果としては、改正前民法の条文上は、「遅滞の責任を負う」と規定するにとどまり、具体的な効果については何ら明記されず解釈に委ねられていたところ、通説的見解は、①債務者の目的物の保管義務が軽減され（善管注意義務から自己の財産に対するのと同一の注意義務に軽減）、②受領遅滞により増加した費用（保管費用など）が債権者の負担となり、③受領遅滞後の履行負担の危険が債権者に移転する（受領遅滞後の不可抗力による履行不能は債権者の責に帰すべき事由とされる）等の効果が生じると整理しており、実務においてもこれを前提とした運用がなされていました。

通説的見解によれば、受領遅滞の場合には、履行遅滞責任からの解放（改正前民法492条）、すなわち、債務者は損害賠償を請求されず、契約を解除されることもなく、担保権も実行されないことになり、また、債権者は同時履行の抗弁権を喪失し（改正前民法533条）、さらには約定利息の支払を免れる（大判大5.4.26民録22輯805頁）といった効果も生じるとされていますが、これは、弁済の提供の効果であると整理されています（前述のとおり、受領遅

滞の要件の1つに、債務者が履行の提供をしたことが挙げられることから、受領遅滞となる場合には、債務者は弁済の提供（履行の提供）も行っていることになり、これらの効果も伴うことになります）。

なお、債権者の受領遅滞の効果に関しては、そもそも債権者の受領義務が観念できるのかという問題に関連し、債務者による契約の解除が認められないかという点については、議論もあるところですが、判例は原則としてこれを否定しています（最二小判昭40.12.3民集19巻9号2090頁）。もっとも、継続的な鉱石売買契約において、信義則を根拠として、債権者に受領義務を認めた判例もあり（最一小判昭46.12.16民集25巻9号1472頁）、債権者の受領義務については、個別具体的な事情のもと信義則に照らして判断されてきました。

(2) 改正民法における債権者の受領遅滞

改正民法においては、前述の①ないし③の効果について明文化されることになりました。これに伴い、改正前民法では受領遅滞の規定は413条のみであったところ、改正民法では413条が1項および同条2項に分かれ、また413条の2も新設されています。具体的には、①については、改正民法413条1項において、「債権者が債務の履行を受けることを拒み、又は受けることができない場合において、その債務の目的が特定物の引渡しであるときは、債務者は、履行の提供をした時からその引渡しをするまで、自己の財産に対するのと同一の注意をもって、その物を保存すれば足りる」と規定され、②については、改正民法413条2項において、「債権者が債務の履行を受けることを拒み、又は受けることができないことによって、その履行の費用が増加したときは、その増加額は、債権者の負担とする」と規定され、③については、改正民法413条の2第1項において、「債務者がその債務について遅滞の責任を負っている間に当事者双方の責めに帰することができない事由によってその債務の履行が不能となったときは、その履行の不能は、債務者の責めに帰すべき事由によるものとみなす」と規定されました。

改正民法413条の2第2項には、「債権者が債務の履行を受けることを拒み、又は受けることができない場合において、履行の提供があった時以後に当事者双方の責めに帰することができない事由によってその債務の履行が不

能となったときは、その履行の不能は、債権者の責めに帰すべき事由による
ものとみなす」と規定され、これにより、受領遅滞中の履行不能については、
債権者は履行不能を理由として契約を解除できず（改正民法543条）、また、
双務契約の場合には債権者が自ら負担する反対債務の履行を拒絶することが
できない（改正民法536条2項前段）ことが確認されました。

　なお、従前の通説的見解による弁済の提供の効果に関する考え方や債権者
の受領義務が当然には認められないという点については、従前からの変更は
ないものと解されています。

○受領義務の条項例

1　甲が本契約第○条に基づく債務について、乙に対して履行の提供をし
　た場合、乙は直ちにこれを受領する義務を負うものとする。
2　乙が前項の受領義務に違反した場合、甲はこれにより生じた損害を乙
　に賠償請求できるものとし、また、甲による相当期間を定めた受領の催
　告にもかかわらず受領されないまま同期間が徒過した場合または乙の受
　領が不能となった場合には、甲は本契約を解除することができるものと
　する。

2　経過措置

　債権者の受領遅滞については、「施行日前に債務が生じた場合（施行日以
後に債務が生じた場合であって、その原因である法律行為が施行日前にされ
たときを含む。…）におけるその債務不履行の責任等については、…第412
条の2から第413条の2まで…の規定にかかわらず、なお従前の例による」
とされています（改正民法附則17条1項）。そのため、債務の発生と改正民
法施行の先後を基準として、改正民法に基づく規律が適用されるか否かが決
せられることとなります。

実務のポイント

　債権者の受領遅滞に関しては、改正民法の影響を受けることはないものと考えられます。

　前述したような受領遅滞一般に妥当する法的効果を得るのみならず、受領遅滞を理由とした解除や損害賠償まで主張できるようにしておきたい場合には、債権者の受領義務が認められることが前提として必要となりますので、契約書上、相手方の受領義務とその違反の効果として解除や損害賠償が可能である旨を規定しておくという対応を検討すべきこととなります。

（荒井隆男）

III

法定利率

Q10 法定利率と遅延損害金

　利率に関する定めのない金銭債権の利息や遅延損害金はどのように算定されるのでしょうか。また、金銭債権の不履行があった場合に、遅延損害金の金利を超える損害を請求することができますか。

A　改正民法では、利率に関する定めのない金銭債権の利息や遅延損害金は法定利率に従い算定されます。利息の算出基準時はその利息を支払う義務が生じた最初の時点となり、遅延損害金の利息の算出基準時は、債務者が遅滞の責任を最初に負った時点となります。

　また、改正民法は、法定利率を当初3％とするとともに、3年ごとに法定利率の見直しができる仕組みを採用しました。

　金銭債権の不履行があった場合については、約定利率がない場合には、債務者が遅滞の責任を負った最初の時点における法定利率が適用され、約定利率がある場合（法定利率を超える場合）には約定利率が適用されます。そこで、金銭債権の不履行があった場合に約定利率の定めがあれば、法定利率を超える約定利率の適用があると考えられます。

1　法定利率

　改正前民法は、法定利率を年5％と定めていました（改正前民法404条1項）。そこで、利率が契約などで定められていないケースでの民事法定利率は年率5％となります。また、金銭債務の不履行による遅延損害金についても、法定利率を超える利率の合意がない限り法定利率が適用されます（改正前民法419条）。さらに、改正前民法のもとでの商法は、商行為によって生じた債務に適用される商事法定利率を年率6％と定めていました（整備法による改正前の商法514条）。

57

III 法定利率

　なお、「商行為」とは、利益を得て譲渡する意思をもってする動産の有償取得などの絶対的営業行為（商法501条）、賃貸する意思をもってする動産の有償取得などの営業的商行為（商法502条）、商人が営業のためにする行為（商人の行為は営業のためのものと推定）（商法503条）のことをいいます。「商人」に該当しないと解されている協同組織金融機関（信用協同組合に関する最二小判昭48.10.5金法705号45頁、信用金庫に関する最三小判昭63.10.18民集42巻8号575頁参照）については、顧客との取引が「商行為」に該当しない場合があり、改正前民法のもとでは、約定利率の定めがない場合などでは民事法定利率と商事法定利率の区分が理論上存在していました。

　この点、改正前民法における法定利率に対しては、低金利で推移する近時の市場金利に比べて高率であり、乖離しているとの指摘がありました。

　これに対して、改正民法は、「利息を生ずべき債権について別段の意思表示がないときは、その利率は、その利息が生じた最初の時点における法定利率による」（改正民法404条1項）との定めを置き、法定利息の利率は、別段の定めがない限り法定利率によるとした上で、改正民法施行時の法定利率は年率3％としました（同条2項、改正民法附則15条2項）。

　また、後述のとおり法定利率に変動制が採用されるため、利息の適用に関する基準日を明確化する必要があり、利息を生ずべき債権（元本債権）についての法定利率の適用の基準時が「その利息が生じた最初の時点」と定められました。これにより、利息が生じた最初の時点以降に法定利率の変動が生じたとしても1つの元本債権に適用される法定利率は変化しないことになります。

　さらに、改正民法では、法定利率に変動制が採用され、法務省令で定めるところにより、3年を1期として、1期ごとに変動法定利率の見直しを行う仕組みを採用しました（改正民法404条3項）。

　法定利率の見直しの方法ですが、当期の法定利率について、直近変動期における「基準割合」と当期における「基準割合」との差に相当する割合（当該割合に1％未満の端数があるときは、これを切り捨てる）を直近変動期における法定利率に加算または減算した割合により算出されます（改正民法404条4項）。すなわち、法定利率の変動幅（加算または減算の割合）は1％

58

単位となります。

「基準割合」は、法務省令で定めるところにより法務大臣が告示をして定められますが、端的にいいますと、過去5年の各月における短期貸付（当該各月において銀行が新たに行った貸付に係る利率の平均）の平均利率の平均値となります（改正民法404条5項）。

なお、改正民法の施行に伴い商法514条（商事法定利率）の定めは廃止され（整備法3条1項）、商行為によって生じた債務に適用される法定利率についても改正民法下における変動制の法定利率に統一されます。

2 金銭債権の不履行による遅延損害金

改正前民法は、金銭の給付を目的とする債務の不履行について、その損害賠償額は、法定利率によって定め、約定利率が法定利率を超える場合は約定利率が適用されるとしていました（改正前民法419条）。

改正民法は、改正前民法と同様に「金銭債権の不履行による遅延損害金としての法定利率」は、「利息としての法定利率」と同じ利率を採用し、また、約定利率が当該法定利率を超える場合には、約定利率が適用される規律を採用しました（改正民法419条）。なお、利息とは、流動資本としての元本から生じる収益を意味しますが、遅延利息は元本使用の対価ではありませんので、あくまでも遅延損害金であって、利息そのものではありません。

金銭債権の不履行があった場合ですが、約定利率の定めがあり、かつ、法定利率を超える場合には約定利率が適用されます。一方で、約定利率の定めがなく、かつ、法定利率以下の場合には、債務者が遅滞の責任を負った最初の時点における法定利率が適用されます。そこで、金銭債権の不履行があった場合に約定利率があれば、法定利率を超える約定利率の適用があると考えられます。

また、改正民法下では、変動制の法定利率が採用されたため、利息損害を算定する際の法定利率の基準時が重要となりますが、当該基準時に関しては、金銭債権の不履行による遅延損害金の法定利率については債務者が遅滞の責任を負った最初の時点が算出基準時になることが明文化されました（改正民法419条1項本文）。債務者が遅滞の責任を負った最初の時点について、

III 法定利率

具体的には、弁済期の定めがある金銭債務の場合は当該弁済期がその時点となり、弁済期の定めのない金銭債務の場合は履行請求時（初日不算入により履行請求を受けた日の翌日）がその時点となります（民法412条3項、140条）。

不法行為に基づく金銭債務に関しては、不法行為により直ちに履行遅滞になると解されており（最三小判昭37.9.4民集16巻9号1834頁）、法定利率の基準時は不法行為時になると考えられます。

なお、民法419条2項・3項の規律（金銭債権の不履行について、債権者は損害の立証が不要であり、債務者は不可抗力をもって抗弁とすることができないこと）は維持されました。また、改正前民法のもとで判例上否定されていた個別立証により利息超過損害を認める考え方（最一小判昭48.10.11金法704号22頁）が法制審議会で議論されましたが、最終的に改正民法では採用されませんでした。そこで、債務不履行を理由とした利息超過損害の賠償の可否については解釈に委ねられることになると考えられます（潮見74頁）。

3　経過措置

改正民法のもとでは、個別債権に適用される法定利率は、利息が最初に生じた時点の法定利率となります（改正民法404条1項）。「その利息が生じた最初の時点」とは、利息を支払う義務の履行期ではなく、「その利息を支払う義務が生じた最初の時点」を意味すると解されています（潮見56頁）。金銭消費貸借契約に基づく貸付金に係る利息の場合には、「その利息を支払う義務が生じた最初の時点」は通常は金銭交付日となると考えられます（改正民法589条2項）。

法定利率の適用に関する経過措置について、改正民法附則15条1項は、「施行日前に利息が生じた場合におけるその利息を生ずべき債権に係る法定利率については、新法第404条の規定にかかわらず、なお従前の例による」と定めています。そこで、改正民法404条の法定利率（当初は3％）が適用されるのは、施行日後に利息が生じた場合におけるその利息を生ずべき債権（元本債権）となります。

実務のポイント

改正民法の施行により、法定利率の改正が生じますが、預金取引やローン取引では契約や約款で約定利率の定めがあるのが通常であり、当該事項については改正民法の影響はないと考えられます。一方で、金融機関や事業会社が不当利得の返還請求を受けた場合や債務不履行による遅延損害金を請求された場合などは約定利率の定めがないのが通常であり、そのような場合には改正民法下での法定利率の適用がされると考えられます。遅延損害金の約定利率がない場合には、遅滞に陥った時点の法定利率が適用されるため、債権ごとに異なる法定利率が適用され、債権管理が従前より煩雑になる可能性があります。そこで、金銭債務の遅延利率に関する定めがない契約について、金銭債務の不履行があった場合における遅延利率に関する条項を盛り込むなどの見直しを行うことも検討に値します。金融機関や事業会社が締結する契約についての見直しを検討することも考えられます。

なお、「商人」に該当しないと解されている協同組織金融機関（信用金庫に関する前掲最三小判昭63.10.18等参照）が顧客と行う取引は商行為に該当する場合としない場合があり、改正前民法のもとでは、民事法定利率と商事法定利率の区分が理論上存在しました。改正民法のもとでは変動制の民事法定利率に一本化されたため、信用金庫、労働金庫、信用協同組合などは改正民法の施行後の法定利率に関しては当該区分やその管理が必要とされなくなると考えられます。

（鈴木正人）

IV

債権者代位

Q11　債権者代位による債権回収

債務者の有する金銭債権を代位行使することによる債権回収を図ることは可能でしょうか。また、代位の対象となる債権について、第三債務者が、債務者に対して弁済したことを理由に支払を拒んでいますが、重ねて支払うよう請求することができますか。

A　改正民法は、金銭の支払または動産の引渡しを目的とする被代位債権に関し、債権者が、第三債務者に対して当該金銭などを直接自己に対して引き渡すよう請求できることを明文化しました（改正民法423条の3）。そこで、債権者は、債権回収にあたり、債務者の有する金銭債権を代位行使し、直接自己に対して引き渡すよう請求することが考えられます。

もっとも、改正民法は、債権者が債務者の権利を代位行使した場合に債務者の処分権限が代位権行使により制限されないことや、この場合において第三債務者も、被代位権利について、債務者に対して履行をすることが妨げられないことを明文化しました（改正民法423条の5）。さらに、代位行使の相手方（第三債務者）は、債務者に対する弁済その他の抗弁をもって、債権者に対抗できることが定められました（改正民法424条の4）。

そこで、第三債務者が、債務者に対して弁済したことを理由に支払を拒んだ場合、債権者は、第三債務者に対して重ねて金銭を支払うように請求することは困難であると考えられます。

IV 債権者代位

1 債権者代位権の要件

債権者代位権とは、債権者が、自己の債権を保全するため、債務者に属する第三債務者に対する権利を債務者に代わり行使する制度です。

改正前民法では、債権者が債権者代位権を行使するためには、①債務者が無資力で債権を自ら行使していないこと、②原則として被保全債権が金銭債権であり、履行期が到来していること（改正前民法423条2項）、③債務者の一身に専属する権利ではないこと（同条1項ただし書）の要件を満たす必要があるとされてきました。なお、②に関しては、保存行為を除き、履行期の到来前は裁判上の代位によらなければ行使できませんでした（同条2項）。また、債権者代位権は、本来的には、債務者の責任財産を保全して強制執行の準備をするための制度であり、金銭債権を被保全債権として行使することが想定されていますが、判例（大判明43.7.6民録16輯537頁等）により、ある不動産がXからY、YからZへと転々譲渡されたのに、YがXに対する所有権移転登記請求権を行使しないときは、Zは、いわゆる転用型の債権者代位権（責任財産の保全を目的としない債権者代位権）の行使として、ZのYに対する所有権移転登記請求権を被保全債権とするYのXに対する所有権移転登記請求権の代位行使をすることが認められており、責任財産の保全を目的としない債権者代位権の行使が認められていました。

改正民法は、債権者代位権に関する上記3要件の基本的な枠組みを維持した上で、判例法理や学説を明確化し、②、③の個別要件の一部を変更しました。

まず、①債務者が無資力で債権を自ら行使していないことについては、法制審議会において、当該要件を明文化することも検討されましたが、最終的には改正民法での明文化は見送られました。

次に、②被保全債権の要件について、裁判上の代位によれば履行期未到来であっても債権者代位権を行使できる制度が廃止されました。これは、改正前民法において裁判上の代位による債権者代位権の行使の実例がなく、また、仮差押えによる責任財産の保全制度が存在するためです。一方で、転用型の債権者代位権（責任財産の保全を目的としない債権者代位権）の行使に関する判例法理を明確にするため、登記または登録が対抗要件となっている

財産を譲り受けた者がその譲渡人が第三者に対して有する登記・登録請求権を代位行使できることが明文化されました（改正民法423条の7）。

さらに、債務者の一身に専属する権利のみではなく、債務者の責任財産に属さない権利である差し押さえることができない権利（民事執行法152条、恩給法11条3項等参照）についても代位行使は許されないと改正前民法で解されていることを明確にするため、③債権者代位権を認めない場合として、債務者の一身に専属する権利に加えて、差押えを禁じられた権利も追加されました（改正民法423条1項ただし書）。

なお、金銭債権の代位行使に関する事案において、被保全債権の額の範囲でのみ被代位権利を行使することができる旨の判例（最三小判昭44.6.24民集23巻7号1079頁）を明確化するため、債権者は被代位債権の目的が可分であるときは自己の債権の額の限度においてのみ被代位債権を行使できる旨の定めも新設されました（改正民法423条の2）。

本設問では、改正民法下における上記①から③までの要件を満たす場合には、債権者は債務者が第三債務者に対して有する金銭債権について自己が債務者に対して有する債権額の限度で代位行使することができると考えられます。

2　債権者代位権の行使の効果

⑴　直接の引渡し等

改正前民法は、債権者が被代位権利の目的物を自己に直接引き渡すよう求めることができるか否かについて、特段の規律を明文化していませんでしたが、判例は、金銭債権の代位行使に関する事案において、代位債権者による直接の引渡請求を認めていました（大判昭10.3.12民集14巻482頁）。その結果、代位債権者は受領した金銭の債務者への返還債務と債務者に対する被保全債権とを相殺することができ、債務名義を取得することなく、債務者の有する債権を差し押さえる場合よりも簡便に、債権回収を図ることができるとされていました（いわゆる事実上の優先弁済効）。

改正民法は、上記判例法理を明確化するため、被代位権利が金銭の支払または動産の引渡しを目的とするものであるときは、代位債権者はその支払ま

IV　債権者代位

たは引渡しを自己に対してすることを求めることができるとの明文を新設しました（改正民法423条の3前段）。また、前記の判例法理は、代位行使の相手方がその請求に応じて代位債権者に直接の引渡しをしたときは、それによって被代位権利が消滅することを当然の前提としていると考えられるため、改正民法は、相手方が代位債権者に対してその支払または引渡しをしたときは、被代位権利はこれによって消滅する旨も定めました（同条後段）。

なお、中間試案では、債権者が被保全債権を自働債権とし、受領物返還請求権を受働債権とする相殺を禁止する提案がなされ、事実上の優先弁済効を否定することが検討されましたが、改正民法においては当該相殺禁止の明文は設けられませんでした。

(2)　債務者の処分権限

改正前民法は、明文の規律はないものの、判例（大判昭14.5.16民集18巻557頁、最三小判昭48.4.24民集27巻3号596頁）により、債権者が代位行使に着手し、債務者がその通知を受けるか、またはその権利行使を了知したときは、債務者はもはや債務者独自の訴えを提起することはできず、被代位権利の取立その他の処分の権限を失うとされていました。

これに対しては、裁判外の通知によって債務者の処分権限が制限されてしまい債務者や第三債務者の地位が不安定になる等の指摘がされていました。

改正民法は、債権者が債務者の権利を代位行使した場合にも債務者の処分権限は制限されず、また、この場合、第三債務者も、被代位権利について、債務者に対して履行をすることが可能である旨を明文化しました（改正民法423条の5）。そこで、改正民法下では、債権者が債務者の権利を代位行使したからといって、債務者の処分権限はこれによって制限されず、代位債権者からの通知や債権者代位訴訟の提起があっても、債務者の処分権限には何らの影響もなく、債務者は、相手方に対して権利行使でき、相手方も債務者に対して弁済等の履行を行うことが可能となりました。債務者の処分権限や、弁済受領権限に制約を加えることで責任財産の保全を行うには、民事保全・執行手続を行うことが望まれます（潮見81頁）。

なお、改正民法では、債務者が債権者代位訴訟に関与する機会を保障する趣旨から、債権者が訴えによって債権者代位権を行使したときは、債権者に

対して、遅滞なく債務者に訴訟告知を行う義務が課されました（改正民法423条の6）。債権者代位訴訟の本案判決の既判力が債務者にも及ぶ点は改正前からの変更がありません（民事訴訟法115条1項2号）。

(3) 相手方の抗弁

改正前民法は、代位行使の相手方が債務者に対する抗弁をもって代位債権者に対抗することができるか否かについて、明文の規律を定めていませんでしたが、判例（大判昭11.3.23民集15巻551頁）は、代位行使の相手方は債務者に対する抗弁をもって代位債権者に対抗することを認めていました。

改正民法は、上記判例法理を明確化するため、債権者が被代位債権を行使した場合には、相手方は、債務者に対して主張することができる抗弁をもって、債権者に対抗することができることを明文化しました（改正民法423条の4）。ここでの抗弁としては、権利消滅の抗弁（解除の抗弁など）、相殺の抗弁、引換給付の抗弁などが考えられます。

本設問では、第三債務者が、債務者に対して弁済を行っているため、債権者は、第三債務者に対して重ねて金銭を支払うように請求することは困難であると考えられます。

(4) 消滅時効の完成猶予・更新

債権者代位権が行使された債務者の債権については、代位債権者が請求を行うことで消滅時効の完成猶予・更新が生じ得ると考えられます（改正民法147条）。一方で債権者代位権が行使されたとしても被保全債権については消滅時効の完成猶予・更新が生じないと考えられます。

3 経過措置

債権者代位権の改正については、「施行日前に旧法第423条第1項に規定する債務者に属する権利が生じた場合におけるその権利に係る債権者代位権については、なお従前の例による」との経過措置が設けられています（改正民法附則18条1項）。そのため、債権者代位権に係る改正民法の適用は、債務者に属する権利の発生時期により決することになります。

また、登記または登録が対抗要件となっている財産を譲り受けた者はその譲渡人が第三者に対して有する登記・登録請求権を代位行使できることを明

IV　債権者代位

文化した改正民法423条の7について「新法第423条の7の規定は、施行日前に生じた同条に規定する譲渡人が第三者に対して有する権利については、適用しない」との経過措置も設けられています（改正民法附則18条2項）。

実務のポイント

　改正民法の施行により、債権者が債務者の権利を債権者代位権に基づき代位行使したとしても、債務者の処分権限は制限されず、債務者は第三債務者に対して自ら取立などを行うことができます。また、この場合には第三債務者も被代位権利について債務者に対して履行を行うことが制限されないことになりました。そこで、代位債権者は債権者代位権を行使するだけでは代位債権者として優先的な回収を図ることが困難となります。

　したがって、改正民法においては、債権者が債権者代位権のみを行使して債権回収を図ろうとするインセンティブが働きにくくなることが予想されます。債権者としては、債権回収の手段として被代位債権の差押えや仮差押えを行うことも検討に値すると考えられます。

　また、債権者代位訴訟を提起する場合には、債権者の債務者に対する訴訟告知が義務付けられることになりました。

（鈴木正人）

V

詐害行為取消権

Q12 詐害行為取消訴訟の手続と効果

詐害行為取消訴訟の手続や取消認容判決の効果はどのようなものですか。

 改正民法は、倒産法制における否認権との整合性を確保するため、取消しの対象となる類型ごとに詐害行為取消権の要件の整理を行いました。

また、改正民法は、受益者に対する詐害行為取消訴訟の被告は受益者であること、転得者に対する同訴訟の被告は当該転得者であることを明文化しました（改正民法424条の7第1項）。

さらに、詐害行為取消請求を認容する確定判決の効力が、債務者およびそのすべての債権者に対して及ぶことになりました（改正民法425条）。また、詐害行為取消しの効果が債務者に及ぶことになったため、債務者にも詐害行為取消訴訟に関与する機会を付与する必要が生じ、詐害行為取消訴訟に関して取消債権者の債務者に対する訴訟告知義務が課されました（改正民法424条の7第2項）。

1 詐害行為取消訴訟
(1) 詐害行為取消権の要件の整理
　詐害行為取消権とは、債権者が自己の債権（被保全債権）を保全するために、債務者が行った不当な財産処分行為（詐害行為）の取消しを裁判所に請

求することができる権利です。詐害行為取消権は債権者代位権とは異なり、裁判上の行使が必須とされています。

改正前民法では、詐害行為取消権を行使するためには、①被保全債権の存在、②債務者の無資力、③詐害行為、④詐害意思の要件を満たす必要があると考えられていました。

改正前民法は、上記①、②の要件に関する明文を定めておらず、また、③、④の要件に関しても、「債権者は、債務者が債権者を害することを知ってした法律行為の取消しを裁判所に請求することができる」（改正前民法424条1項本文）という概括的な形でのみ定めていました。

この点、判例は、上記③、④の要件に関して、③財産減少行為のように行為の詐害性が強い場合には④詐害意思について債務者の悪意は単なる認識で足りるとし、③特定の債権者にのみ利益を与える行為（偏頗行為等）のように行為の詐害性が弱い場合には④詐害意思について債務者の悪意は単なる認識のみでは足りず「害意」を必要とし、③詐害行為（客観的要件）と④詐害意思（主観的要件）とを相関的に考慮して、「債権者を害することを知ってした法律行為」に当たるか否かを判断していると言われていました。

破産法における否認制度においては、2004年の法改正で、否認対象行為を明文上類型化するなどし、否認権の対象行為の類型（責任財産減少行為（いわゆる詐害行為否認）や偏頗行為否認）ごとに要件・効果等が整備されました。これは、否認権の対象が不明確かつ広範であると、経済的危機に直面した債務者と取引をする相手方が否認権を行使される可能性を意識して萎縮してしまう結果、債務者の資金調達等が阻害され、再建可能性のある債務者が破綻に追い込まれてしまうおそれがあるという点などを考慮した改正であるとされています。

詐害行為取消しと否認の対象の区別は倒産手続の開始の有無により決まりますが（大判昭4.10.23民集8巻787頁等参照）、取引時点では、当該取引が詐害行為取消しと否認のいずれの対象になるか明らかではありません。そこで、否認権の要件が明確化・限定化されたとしても詐害行為取消権の要件がなお不明確かつ広範であると、依然として取引の委縮が生じると考えられていました（部会資料73A・41頁参照）。また、否認の対象とならない行為が

詐害行為取消しの対象となるという事態が生じ得るため、平時における一般債権者であれば詐害行為取消権を行使することができるのに、破産手続開始後における破産管財人は否認権を行使することができないという現象（いわゆる逆転現象）が生ずるとの指摘がありました（同頁参照）。

改正民法においても、詐害行為取消権行使の4要件（①被保全債権の存在、②債務者の無資力、③詐害行為、④詐害意思）を満たす必要があると考えられますが、上記指摘などを考慮して、要件③、④との関係で、特定の債権者に対する担保供与等や相当対価での処分行為などの、詐害行為取消しの対象となる行為が類型化され、取消しの要件が明確化されました（改正民法424条～424条の4）。具体的な類型や要件の概要は以下のとおりです。各類型の詐害行為に関する論点についてはQ13からQ16までを、改正民法施行後の詐害行為取消権と否認権の関係についてはQ45をご参照下さい。

〔図表12〕詐害行為取消権の類型と要件

一般的な詐害行為	a．債務者が債権者を害することを知っていたこと b．受益者が債権者を害することを知っていたこと c．財産権を目的とする行為であること
相当対価を得てした財産の処分行為	a．隠匿等の処分をするおそれを現に生じさせること b．債務者が隠匿等の処分をする意思を有していたこと c．債務者が隠匿等の処分をする意思を有していたことを受益者が知っていたこと
特定の債権者に対する担保の供与等（偏頗行為）	
⑴既存の債務についての担保供与・債務消滅行為	a．当該行為が債務者が支払不能である時に行われたこと b．当該行為が債務者と受益者とが通謀して他の債権者を害する意図をもって行われたこと
⑵⑴の行為について債務者の義務に属せず、またはその時期が債務者の義務に属しないものである場合	a．当該行為が債務者が支払不能になる前30日以内に行われたこと b．当該行為が債務者と受益者とが通謀して他の債権者を害する意図をもって行われたこと
過大な代物弁済等（消滅した債務の額に相当する部分以外の部分の取消し）	債務者がした債務の消滅に関する行為であって、受益者の受けた給付の価額がその行為によって消滅した債務の額より過大であるものについて、一般的な詐害行為の要件を満たすこと

75

V 詐害行為取消権

なお、改正民法では、詐害行為について「法律行為」ではなく、「行為」の文言が使用されました（改正民法424条1項本文）。これは、時効更新となる権利の承認（改正民法152条）や法定追認の効果を生ずる行為（改正民法125条）などの法律行為以外である行為も詐害行為取消しの対象となるようにしたものであり、倒産法上の否認対象行為の文言（破産法160条参照）とも整合しています。

また、改正民法において、詐害行為取消権の行使要件のうち、②債務者の無資力要件については明文の定めは置かれませんでしたが、①被保全債権の存在の要件については、改正前民法における判例法理を踏まえて発生時期に関する明文が定められました（改正民法424条3項）。当該要件の詳細についてはQ14をご参照下さい。

(2) **詐害行為取消訴訟の手続**

改正前民法は、詐害行為取消訴訟において誰を被告とすべきかについて、明文の定めを置いていませんでした（改正前民法424条参照）。そして、判例は、詐害行為取消訴訟では受益者または転得者のみを被告とすれば足り、債務者を被告とする必要はない（債務者に被告適格はない）と示していました（大連判明44.3.24民録17輯117頁）。

改正民法は、この判例法理を明確化するため、受益者に対する詐害行為取消訴訟の被告は受益者であり、転得者に対する同訴訟の被告は当該転得者であることを明文化しました（改正民法424条の7）。

さらに、債務者保護の観点から、取消債権者は債務者に対する訴訟告知義務を負う旨の規定が新設されました（改正民法424条の7第2項）。

(3) **詐害行為取消権の期間の制限**

改正前民法は、債権者が取消しの原因を知った時から2年で消滅時効にかかる旨、行為時から20年を経過したときも同様である旨を定めています（改正前民法426条）。この点、判例では、改正前民法426条前段の時効期間については、債権者が「債務者が債権者を害することを知って法律行為をした事実」を知った時から起算するとされていました（最一小判昭47.4.13金法650号22頁）。また、同条後段の20年の期間制限については、20年もの長期間にわたって債務者の行為や債務者の財産状態を放置したまま推移させた債権者

76

に詐害行為取消権を行使させる必要性は乏しいとの指摘がなされていました（部会資料73A・64頁参照）。

改正民法は、426条を詐害行為取消権の消滅時効・除斥期間に関する条文から出訴期間に関する条文に再構成し、また、詐害行為取消権に係る出訴期間を債務者が債権者を害することを知って行為をしたことを債権者が知った時から2年間、行為時から10年間としました。出訴期間に関する定めとなりますので、詐害行為取消しの訴えの出訴期間については、消滅時効の完成猶予・更新といった時効障害に関する規定は適用されません。

なお、整備法により倒産法における否認権の行使期間の制限に関して改正民法と同様の改正がなされました（整備法による改正後の破産法176条、民事再生法139条、会社更生法98条）。

2　取消認容判決の効果

改正前民法は、詐害行為取消権の行使の効果は、すべての債権者のためにその効力を生じる旨の明文を定めていましたが、債務者に対しては効力が及ばないとするのが判例（前掲大連判明44.3.24）の立場でした（相対的取消説）。そのため、受益者が存在する場合、受益者は、債務者から取得した財産を債務者に返還したとしても、その財産を取得するためにした反対給付の返還を債務者に対して請求できないと解されてきました。この点、例えば、①逸出財産が不動産である場合には、当該不動産の登記名義が債務者のもとに戻り、債務者の責任財産として強制執行の対象になるとされており、②詐害行為取消権を保全するための仮処分における仮処分解放金（供託金）の還付請求権は、債務者に帰属するとされており（民事保全法65条参照）、また③債務者の受益者に対する債務消滅行為が取り消された場合には、いったん消滅した受益者の債務者に対する債権が回復するとした判例（大判昭16.2.10民集20巻79頁）がありますが、これらの事情は、詐害行為取消しの効果が債務者に及ばないとする判例の立場と整合しないという批判が存在していました。

改正民法においては、取消債権者が詐害行為取消訴訟で勝訴した場合に、その効力は債務者に対しても及ぶものと定められました（改正民法425条）。

77

V　詐害行為取消権

取消しの効果が債務者に及ぶこととされた結果、受益者が存在する場合には、受益者は債務者に対する反対給付の返還・価格の償還を求めることができることとされました（改正民法425条の2）。また、債務者が行った債務消滅行為が取り消された場合には、受益者が債務者に対して給付の返還・価額の償還をすれば、受益者の債務者に対する債権は回復されるとの規律が定められました（改正民法425条の3）。

　なお、詐害行為取消しの効果が債務者に及ぶことになったため、債務者にも詐害行為取消訴訟に関与する機会を付与する必要が生じました。そこで、改正民法は、詐害行為取消訴訟に関して、取消債権者に債務者に対する訴訟告知義務を課しました（改正民法424条の7第2項）。

3　経過措置

　詐害行為取消権の改正については、「施行日前に旧法第424条第1項に規定する債務者が債権者を害することを知ってした法律行為がされた場合におけるその行為に係る詐害行為取消権については、なお従前の例による」との経過措置が設けられています（改正民法附則19条）。そのため、詐害行為取消権に係る改正民法の適用については、詐害行為（法律行為）が行われた時期により決することになります。

実務のポイント

　改正民法の施行により、詐害行為取消しの要件が明確化されたことによって、詐害行為取消権の成否に関して予測可能性が確保され、ひいては取引の安全が高まり、債務者の再建にも資することが期待されます。一方で、詐害行為取消権の行使の効果が債権者のみならず債務者に及ぶとされたため、従来の相対的取消説が修正されるとともに、取消債権者は詐害行為取消訴訟に関して債務者に対して訴訟告知を行うことが要求され、新たな負担が生じることになります。

（鈴木正人）

Q13 無償行為と詐害行為取消権

貸金債権の債務者が所有不動産を第三者に贈与してしまいました。債権者としてどのような手段を取ることができますか。また、債務者から不動産の贈与を受けた者から金銭の支払を受け、債権の回収に充てることができますか。

A 改正民法のもとでは、贈与などの無償行為も詐害行為取消しの対象行為になると考えられます。そこで、債権者は、一定の場合には、不動産の贈与を受けた第三者に対して詐害行為取消権を行使する手段を取ることが考えられます。

また、債権者が不動産の贈与を受けた第三者に対して詐害行為取消権を行使する場合は、現物の返還請求を行うのが原則であり、現物返還が困難である場合には例外的に価額の償還請求を行うことができると考えられます。

贈与対象の不動産が登記されている場合には、所有権移転登記の抹消手続や受益者から債務者への所有権移転登記手続を行うよう請求する方法が考えられます。

なお、債権者が不動産の贈与を受けた第三者に対して価額の償還請求を行うことができる場合には、債権者は、当該第三者に対して、金銭の支払を直接自己に対して行うことを求めることができると考えられます。

V 詐害行為取消権

1 贈与行為と詐害行為取消し

改正前民法は、詐害行為取消しの対象となる行為（詐害行為）について、「債権者を害することを知ってした法律行為」（改正前民法424条1項本文）という概括的な規律を定めていましたが、不動産などの重要な財産を無償で贈与する行為は、債務者の積極財産を減少させる処分行為（財産減少行為）であり、詐害行為に該当すると考えられます（なお、詐害行為取消権を行使するためには、債務者の無資力などのその他の要件も具備する必要があります（Q12参照））。改正前民法のもとでの判例（大判明39.2.5民録12輯136頁）では、不動産の売却行為は価格が相当であっても金銭を散逸させる可能性があるため、原則として詐害行為に当たるとされています。

改正民法においても、贈与行為は財産減少行為に変わりがなく、詐害行為に該当し得ると考えられます。なお、法制審議会において、詐害行為取消権に倒産法での無償行為の否認（破産法160条3項等参照）と同様の特則を設けることも検討されましたが、結果的に立法化されませんでした。贈与行為などの無償行為については、一般的な詐害行為（改正民法424条1項）の要件の該当性が問題となり、①被保全債権の存在、②債務者の無資力、③詐害行為、④詐害意思の各要件が充足されるかを検討することになります。

2 逸失財産の回復方法

改正前民法は、詐害行為取消訴訟における取消債権者の請求の内容について、「法律行為の取消しを裁判所に請求することができる」とのみ定めており（改正前民法424条1項）、詐害行為の取消しの請求に加えて詐害行為取消権の行使による逸失財産の回復（返還請求）が認められるかは明文上明らかではありませんでした。この点、判例（大連判明44.3.24民録17輯117頁等）は、詐害行為取消訴訟の法的性格は、詐害行為の取消しを請求する形成訴訟としての性格と、逸出財産の返還を請求する給付訴訟としての性格とを併有するものであるとし、逸失財産の回復（返還請求）を認めていました。

また、改正前民法では、逸出財産の返還の方法（現物返還、価額償還）に関する明文の規律がありませんが、判例により、詐害行為取消権の行使により債権者が取得する権利は原則として現物の返還請求権であり、現物の返還

が不可能または困難である場合について例外的に価額賠償を請求できるとされていました（大判昭7.9.15民集11巻1841頁）。

改正民法では、逸失財産の回復に関する上記判例法理を明確化するため、債権者は、受益者に対する詐害行為取消請求において、債務者がした行為の取消しとともに、その行為によって移転した財産の返還を請求することができることが明文化され（改正民法424条の6第1項前段）、詐害行為取消権の行使による逸失財産の回復（返還請求）の方法が明確化されました。また、受益者がその財産を返還することが困難であるときは、債権者はその価額の償還を請求することができることが明文化され（同項後段）、詐害行為取消権の行使による逸失財産の回復方法について財産の返還を原則とし、受益者や転得者が当該財産の返還が困難であるときは債権者が価額の償還を請求することができることが明確化されました。なお、「価額の償還」との文言が使用されたのは、改正前民法における価額賠償の法的性質が必ずしも損害賠償と整理できるか明らかでなかったことや倒産法の文言（破産法167条等）に揃えるためであるとされています。

本設問では、債権者が不動産の贈与を受けた第三者に対して詐害行為取消権を行使することが考えられますが、この場合、債権者は現物である不動産の返還請求を行うことが原則であり、現物返還が困難である場合に価額の償還請求を行うことができることになります。

詐害行為取消権を行使した場合の財産の返還方法について、改正民法は後述のとおり対象財産が金銭・動産である場合や価額の償還請求をする場合の規律は定めましたが（改正民法424条の9）、対象財産が不動産である場合の取扱いの明文の定めを設けておらず、不動産を対象財産とする詐害行為取消権の行使時の逸失財産の回復方法については実務の運用や解釈に委ねられると考えられます（部会資料73A・64頁参照）。

なお、改正前民法において、詐害行為の対象財産が不動産であり、移転登記がなされた場合については、受益者・転得者名義の所有権移転登記の抹消手続や受益者・転得者から債務者への所有権移転登記手続を行うよう請求する方法がありました（最二小判昭39.7.10民集18巻6号1078頁、最二小判昭40.9.17集民80号341頁）。債権者は強制執行の準備を行うために責任財産を保

全するところ、確定判決を取得すれば不動産登記法63条により債権者の協力がなくても登記を行うことが可能であり、受益者から債権者に直接の名義移転をする必要はないと考えられることが根拠とされていました。当該方法による現物返還は改正民法下においても認められると考えられます。

また、債務者が第三者との間で不動産の贈与契約を締結したのみで不動産の引渡しがなされていない場合には、詐害行為取消権の行使により、贈与契約が取り消されるという効果のみが生じると考えられます。

3 価額の償還請求の方法

改正前民法では、取消債権者が逸出財産を自己に直接引き渡すよう求めることができるかについて、特段の規律を定めていませんでしたが（改正前民法424条参照）、判例により、逸出財産の返還として金銭の支払や動産の引渡しを求めた事案（価額償還を求めた事案を含む）において、取消債権者による直接の引渡請求が認められていました（大判大10.6.18民録27輯1168頁、大判昭7.9.15民集11巻1841頁、最一小判昭39.1.23民集18巻1号87頁等）。

改正民法では、取消債権者への直接引渡しに関する上記判例法理を明確化するため、逸出財産の返還請求が金銭の支払または動産の引渡しを求めるものであるときや価額償還の請求をするときは、取消債権者は受益者または転得者に対してその支払または引渡しを自己に対してするよう求めることができる点が明文化されました（改正民法424条の9第1項前段、2項）。さらに、取消債権者による直接の引渡請求や価額償還請求を認める以上は、受益者がその請求に応じて取消債権者に直接の引渡しをしたときは、それによって受益者または転得者は債務者に対する引渡義務を消滅させる必要があるため、受益者または転得者は当該引渡義務を免れる旨も併せて明記されました（同条1項後段、2項）。

なお、中間試案では、取消債権者は直接の支払を受けた金銭を債務者に対して返還する債務と債務者に対する金銭債権とを相殺することができない旨の規律を設けること（事実上の優先弁済の否定）が提案されていましたが、当該相殺禁止規律について明文の規定を置くことは見送られ、実務の運用や解釈等に委ねることになりました（部会資料73A・55頁参照）。

また、改正民法のもとでは、詐害行為取消しの判決の効力が債務者にも及び、債務者も受益者・転得者に対して金銭の返還を請求することができます。この場合、受益者・転得者が債務者に対して金銭を支払った場合には受益者・転得者の取消債権者に対する引渡義務が消滅します。この結果、取消債権者は相殺を行うことができなくなりますので、改正前民法に比べて事実上の優先弁済が活用できる場面が限定されると考えられます。

本設問では、少なくとも、不動産の贈与を受けた第三者による不動産の返還が困難である場合には、取消債権者による価額の償還請求が行われることになり、この場合、取消債権者は当該第三者（受益者）に対して、自己に直接引き渡すよう価額の償還請求を行うことができると考えられます。なお、改正前民法の判例では、価額賠償の算定基準時は原則として詐害行為取消訴訟の事実審の口頭弁論終結時であるとされていましたが（最二小判昭50.12.1民集29巻11号1847頁）、当該見解は改正民法のもとでも妥当すると考えられます。

実務のポイント

改正民法の施行後も、贈与などの無償行為は引き続き詐害行為に該当すると考えられます。また、詐害行為取消権の行使による逸失財産の回復方法について財産の現物返還を原則とし、受益者や転得者が当該財産の返還が困難であるときは例外的に債権者が価額の償還を請求することができることになります。

贈与対象の不動産の登記がなされている場合には、現物返還として所有権移転登記の抹消手続や受益者から債務者への所有権移転登記手続を行うよう請求する方法が考えられます。

なお、債権者が第三者に対して価額の償還請求を行うことができる場合には、債権者は、当該第三者に対して、金銭の支払を直接自己に対して行うことを求めることができると考えられます。

（鈴木正人）

V　詐害行為取消権

Q14　被保全債権取得前の資産隠匿行為と詐害行為取消権

　保証債務を履行しましたが、主債務者が、保証履行の直前に、所有不動産を親族に贈与していたことが発覚しました。保証人はこの贈与を取り消すことができるのでしょうか。

A　改正民法は、詐害行為取消権の行使における被保全債権を詐害行為の前の原因に基づき生じた債権であると定め（改正民法424条3項）、被保全債権取得前に詐害行為取消しが行われた場合に関して被保全債権の範囲が拡張されました。

　主債務者が保証履行の直前に、所有不動産を親族に贈与したケースですが、保証人が主債務者に対して求償権を有している場合には、保証人は詐害行為取消権の被保全債権を有していると認められるため、詐害行為取消権を行使して贈与を取り消し得ると考えられます。

1　被保全債権の存在

　本設問では、主債務者の親族に対する所有不動産の贈与行為については、詐害行為の対象になると考えられます（Q13参照）。そこで、保証人が詐害行為取消権の行使が可能な被保全債権を有するかが問題となります。

　この点、条件付債権や期限付債権も詐害行為取消権の行使に係る被保全債権になり得ると解されています（最三小判昭46.9.21民集25巻6号823頁）。一方で、債権者代位権の行使とは異なり（Q11参照）、詐害行為取消権の行使

については、被保全債権の履行期が到来している必要はないと解されており（大判大9.12.27民録26輯2096頁）、また、被保全債権についての債務名義の存在も詐害行為取消しでは必須ではありません。

　なお、改正民法では、被保全債権として強制執行によって実現することができないものは詐害行為取消請求を行うことが認められない点を明文化しました（改正民法424条4項）。

2　被保全債権の発生時期

　次に、本設問では、贈与時において保証人が主債務者に対して請求権を有しているか明らかではありません。そこで、詐害行為取消権を行使することができる被保全債権の発生時期が問題となります。

　この点、改正前民法では、詐害行為取消権の行使について、被保全債権は詐害行為よりも前に発生することが必要であると考えられており、そのような判例もありました（最二小判昭33.2.21民集12巻2号341頁等）。これは、債権者は債権の発生時における債務者の責任財産を引当てにしているところ、詐害行為後に発生した債権は、詐害行為による減少後の財産を引当てにしているにすぎないため、詐害行為によって害される関係になく、取消しの効果を及ぼす必要がないことを理由とするものです。

　もっとも、個別の裁判例において、詐害行為前に成立していた被保全債権に関して詐害行為以後に発生する遅延利息債権（最一小判平8.2.8金法1452号37頁）や本税債権が詐害行為前に成立していた場合における詐害行為以後に発生する延滞税債権（最一小判平元.4.13金法1228号34頁）について、詐害行為取消権の行使が認められたものがありました。

　改正民法は、上記裁判例等を踏まえて、詐害行為取消権の行使における被保全債権について、「詐害行為の前の原因」に基づき生じた債権を認めることを明文化しました（改正民法424条3項）。この改正により、詐害行為よりも前に発生する債権のほか、詐害行為の前の原因に基づいて詐害行為後に発生した債権も被保全債権として認められることになり、被保全債権の範囲が拡張されました。

　なお、改正民法424条3項における「前の原因」の文言の意味内容につい

ては今後解釈に委ねられることになりますが、「前の原因」の文言は破産法上の破産債権の定義（破産法2条5項）で使用されている文言と同一であり、破産法上の考え方が改正民法の解釈で参考になると考えられます。そこで、「前の原因」ありと認められるためには被保全債権の発生原因の全部が詐害行為の前に備わっていることまでは必要ではなく、主たる発生原因が備わっていれば足りると考えられます（潮見佳男『新債権総論I』754頁（信山社、2017年））。

また、詐害行為の前の原因に基づき生じた債権であれば足り、詐害行為時に当該債権が取消権者に帰属をしている必要もないと解されます。そこで、詐害行為後に当該債権を譲り受けた場合についても取消権者による取消しが認められると解されます（大判大12.7.10民集2巻537頁）。

被保全債権の原因が詐害行為の前に生じた点の主張・立証責任は取消権者が負担します。

なお、本設問とは直接関係がありませんが、詐害行為後に既存の債権につき準消費貸借契約が締結された場合には、詐害行為が同契約の締結前に行われたとしても、既存債権と新債権との同一性が維持されていることに照らし、詐害行為後の新債権を被保全債権として詐害行為取消権の行使をし得ると解されます（最一小判昭50.7.17民集29巻6号1119頁、潮見・前掲756頁）。

3　保証人の主債務者に対する求償権

本設問では、保証人が詐害行為取消権を行使する際の被保全債権としては、主債務者に対する求償権が考えられます。

まず、主債務者から委託を受けて保証人となった場合、保証人が主債務者に代わって弁済をし、その他自己の財産をもって債務を消滅させるべき行為をした場合には、主債務者に対して求償権を取得します（改正民法459条1項）。具体的な事後求償権の範囲は主たる債務を消滅させた弁済額とその弁済があった日以後の法定利息および避けることができなかった費用その他の損害の賠償となります（民法459条2項、442条2項）。また、主債務者から委託を受けて保証人となった場合において主債務の弁済期前に弁済等の債務消滅行為をした保証人は、主債務者がその当時利益を受けた限度でのみ求償権を取得します（改正民法459条の2第1項）。さらに、保証人が当該求償権

を行使できる時期は主債務の弁済期の到来以後となります（同条3項）。

そこで、詐害行為の前に締結された保証委託契約に基づく事後求償権が詐害行為後に生じた場合は、保証人は、この事後求償権を被保全債権として、主債務者の行った詐害行為を取り消すことができると考えられます（潮見85頁参照）。

また、主債務者から委託を受けずに保証人となった場合、保証人が主債務者に代わって弁済をし、その他自己の財産をもって債務を消滅させるべき行為を行った場合には、主債務者がその当時利益を受けた限度において求償権を取得します（改正民法462条1項）。

このような無委託保証では、詐害行為の前に締結された保証契約に基づく事後求償権が詐害行為後に生じた場合は、保証人は、この事後求償権を被保全債権として、主債務者の行った詐害行為を取り消すことができると考えられます（潮見86頁参照）。

本設問では、保証人が主債務者に対して求償権を取得している場合には、当該債権は詐害行為の前の原因に基づき生じた債権に該当すると考えられ、当求償権は詐害行為取消権の被保全債権として認められると解されます。そこで、保証人は詐害行為取消権を行使して、不動産の贈与を取り消し得ると考えられます。

なお、不動産を責任財産とする詐害行為取消権の行使に関する債権回収の方法はQ13をご参照ください。

実務のポイント

　改正民法の施行により、詐害行為取消権の行使について、詐害行為の前の原因に基づいて生じた債権についても被保全債権として認められることとなり（改正民法424条3項）、被保全債権の範囲が拡張されました。「前の原因」の内容については今後の解釈に委ねられますが、例えば、条件付債権、将来の債権も、債権の発生原因が詐害行為前にあれば、詐害行為取消権における被保全債権となり得ると考えられます。

（鈴木正人）

Ⅴ 詐害行為取消権

Q15 相当の対価を得た資産処分と詐害行為取消権

債務者が、所有不動産を、対価を得て第三者に対し売却した場合、債権者はこの売却行為を取り消すことができますか。

A 改正民法は、詐害行為取消権に関し、相当の対価を得てした財産の処分行為の特則を設け、①隠匿等の処分をするおそれを現に生じさせること、②債務者が隠匿等の処分をする意思を有していたことおよび③債務者が隠匿等の処分をする意思を有していたことを受益者が知っていたことの要件が満たされる場合にも詐害行為取消権を認めました（改正民法424条の2）。

この要件は倒産法の否認の規律と平仄を合わせるものであり、相当価格処分行為についても詐害行為取消権行使の対象行為の明確化・限定化が図られました。

1 相当の対価を得た資産処分と詐害行為取消権

改正前民法は、詐害行為取消権の要件に関して「債権者を害することを知ってした法律行為」という概括的な規律を定めており（改正前民法424条1項）、詐害行為取消権において相当の対価を得た資産処分に関する特別な類型の明文を定めていませんでした。判例は、不動産等を費消または隠匿しやすい金銭に換えることは、原則として詐害行為に当たるものの、売却の目的・動機が正当なものであるときは、詐害行為に当たらないとしていました

（大判明39.2.5民録12輯133頁、大判明44.10.3民録17輯538頁、最二小判昭41.5.27民集20巻5号1004頁、最一小判昭42.11.9民集21巻9号2323頁等参照）。また、この場合には、当該処分行為の目的・動機が正当であることを受益者が主張・立証した場合に限り、詐害行為に当たらないこととされていました。

　一方で、破産法では、相当価格処分行為について否認に関する明文の規定があり、①当該行為がその財産の種類の変更により破産者において隠匿等の処分をするおそれを現に生じさせるものであり、②破産者が当該行為の当時その対価について隠匿等の処分をする意思を有しており、③受益者が当該行為の当時破産者が隠匿等の処分をする意思を有していたことを知っていたことを破産管財人が主張・立証した場合に限り否認の対象となるとされており、相当の対価を得た資産処分に関して否認の対象行為が明確化・限定化されています（破産法161条1項）。すなわち、相当の対価を得てした財産の処分行為は原則として否認権の対象とならないことになります。また、例外的に否認権の対象とする場合の内容については、相当価格処分行為に関する否認権の要件が不明確かつ広範であると、経済的危機に直面した債務者と取引をする相手方が否認権を行使される可能性を意識して萎縮してしまう結果、債務者が自己の財産を換価して経済的再生を図ることが阻害され、再建可能性のある債務者が破綻に追い込まれるおそれがあるという問題等を考慮し、否認の対象行為の明確化・限定化が図られました。

　この点、詐害行為取消しと否認の対象は、倒産手続の開始の有無により決まりますが（大判昭4.10.23民集8巻787頁等参照）、取引時点では、当該取引が詐害行為取消しと否認のいずれの対象になるか明らかではなく、否認権の要件が明確化・限定化されたとしても詐害行為取消権の要件がなお不明確かつ広範であると、依然として取引の委縮が生じ得ると考えられていました（部会資料73A・41頁参照）。また、債権者平等が強調されるべき局面で機能する否認権よりも、平時の詐害行為取消権の方が、その対象行為が広くなるという逆転現象が生じていました。

　改正民法のもとでは、この逆転現象をなくすため、相当価格処分行為についても破産法の規律と平仄を合わせて、相当の対価を得てした財産の処分行為は原則として詐害行為性を否定した上で、例外的に詐害行為取消しの対象

V　詐害行為取消権

となる行為の範囲の明確化・限定化が図られました。

　具体的には、相当の対価を得てした財産の処分行為の特則が新設され、①
その行為が、不動産の金銭への換価その他の当該処分による財産の種類の変
更により、債務者において隠匿、無償の供与その他の債権者を害することと
なる処分（以下「隠匿等の処分」といいます）をするおそれを現に生じさせ
るものであること、②債務者が、その行為の当時、対価として取得した金銭
その他の財産について、隠匿等の処分をする意思を有していたこと、および
③受益者が、その行為の当時、債務者が隠匿等の処分をする意思を有してい
たことを知っていたことの要件を満たす場合に詐害行為取消権が認められる
ことになりました（改正民法424条の2）。上記の①から③までの要件の主
張・立証責任は取消権者が負担すると解されます。

　上記①の要件については、隠匿等の処分が実際に行われることまでは必要
ではなく、その「おそれを現に生じさせるもの」であれば足ります。また、
「現に」との文言から、具体的な危険として認められるものでなければなら
ないと考えられます（潮見87頁）。倒産法の解釈を参考にすると、変更前の
財産の客観的形状・帰属・所在に関する情報をもとにして隠匿等の処分のお
それが生じることを要すると考えられます。なお、上記①の要件の文言のと
おり、不動産の金銭への換価に加えて「その他の当該処分による財産の種類
の変更」が対象行為に含まれています。そこで、新規借入れとそのための担
保設定（いわゆる同時交換行為）も同条の対象に含まれると考えられます
（部会資料51・8頁）。

　上記②の要件については、当該行為が責任財産を減少させる効果を持つこ
との債務者の認識に加えて、処分の対価を隠匿するなどして債権者の権利実
現を妨げる意図が債務者にあることを意味すると考えられます（潮見87頁）。
隠匿等の処分をする意思は、詐害意思よりも重い主観的要件を課すものです。

　上記③の要件については、改正民法424条1項が定める一般的な詐害行為
取消権における要件である受益者悪意（受益者が行為時において債権者を害
することを知っていたこと）の要件と重複すると考えられます。相当価格処
分行為を対象とする詐害行為取消訴訟では、「受益者が、その行為の当時、
被保全債権の債務者が隠匿等の処分をする意思を有していたことを知ってい

たこと」を、取消債権者側が主張・立証することになると考えられます（潮見87頁）。

本設問において、債務者が、所有不動産を、対価を得て第三者に対し売却した場合、上記①から③までの要件が充足され、取消債権者がこれらを主張・立証できた場合には、債権者は債務者による売却行為を取り消すことができると考えられます。

2　隠匿等の処分をする意思の推定

前述のとおり、受益者が、その行為の当時、債務者が隠匿等の処分をする意思を有していた点を知っていた要件の主張・立証責任は取消債権者が負担することになりますが、当該事情を取消債権者が立証することは困難を伴うことが想定されます。

この点、倒産法では、相当の対価を得て行った財産の処分行為の否認について、当該行為の相手方が倒産者の役員、大株主、親族、同居者などの内部者である場合には倒産者が隠匿等の処分をする意思を有していたことを相手方が知っていたものと推定するとの明文の定め（いわゆる内部者に関する推定規定）があります（破産法161条2項参照）。中間試案では、相当の対価を得てした財産の処分行為に係る詐害行為取消権において倒産法と同様の制度の採用が提案されましたが、法制審議会で検討の結果、民法上の他の制度との関係における規律の密度や詳細さのバランス等を考慮し、改正民法ではこれに対応する条項の立法化は見送られました。

相当の対価を得てした財産の処分行為の否認に関しては、倒産者が隠匿等の処分をする意思を有していた点を相手方が知っていたことについて破産管財人等が立証を行うことは困難を伴うと考えられていますが、内部者に関する推定規定が存在しない改正民法下の詐害行為取消請求において取消債権者が上記③の要件を立証することはさらに難易度が上がると考えられます。

この点に関して、受益者が債権者の内部者である場合には、実務上は破産法161条2項の類推適用や受益者が当該行為の当時、債務者が隠匿等処分意思を有していたことを知っていたものとの推認（事実上の推定）を行うこと等で対応を図るべきであるとの見解もあります（部会資料73A・42頁参照）。

V　詐害行為取消権

この論点は取消債権者の主張・立証活動に影響する事項であり、事実上の推定等がなされる余地があると考えられます。

実務のポイント

　改正民法の施行により、相当価格処分行為についても倒産法の否認の規律と平仄が合わされ、詐害行為取消権の対象行為の明確化・限定化が図られました。

　なお、相当の対価を得てした財産の処分行為の特則の要件のうち、「受益者が、その行為の当時、債務者が隠匿等の処分をする意思を有していたことを知っていたこと」の主張・立証責任は取消債権者が負うことになりますが、取消債権者が相当価格処分行為に関して当該主張・立証責任を果たすことは一般的には困難を伴うものであると予想されます。

　これを解消するために、受益者が債権者の内部者である場合には、破産法161条2項の類推適用や、受益者が当該行為の当時、債務者が隠匿等処分意思を有していたことを知っていたものとの推認（事実上の推定）を行うことで解決を図るべきであるとの見解もあり、事実上の推定等がなされる余地があると考えられます。

（鈴木正人）

Q16 他の債権者に対する偏頗行為と詐害行為取消権

債務者が他の債権者に対してのみ返済を行った場合、この返済を取り消すことができますか。また、債務者が、他の債権者に対し、債務者所有の不動産に抵当権を設定した場合はどうでしょうか。

A 改正民法は、詐害行為取消権に関し、特定の債権者に対する担保の供与等の特則を設けました。具体的には、既存の債務に関する担保供与・債務消滅行為について、①債務者が支払不能である時に行われたことと、②債務者と受益者とが通謀して他の債権者を害する意図をもって行われたことの要件が満たされる場合には詐害行為取消権が認められることになりました（改正民法424条の3第1項）。

また、既存債務に関する担保供与・債務消滅行為が債務者の義務に属せず、またはその時期が債務者の義務に属しない場合については、①債務者が支払不能になる前30日以内に行われたことと、②債務者と受益者とが通謀して他の債権者を害する意図をもって行われたことの要件が満たされる場合には、詐害行為取消権が認められることになりました（改正民法424条の3第2項）。

1 偏頗行為

改正前民法は、詐害行為取消権の要件に関して「債権者を害することを知ってした法律行為」という概括的な規律を設けるのみであり、破産法とは異なり、詐害行為取消権において特定の債権者のみに利益を与える偏頗行為

V 詐害行為取消権

に関する特別な類型を明文化していませんでした。この点、通説は一部債権者への弁済行為は原則として詐害行為には該当せず、当該債権者と通謀の上で他の債権者を害する意図（通謀的害意）がある弁済行為が例外的に詐害行為に該当すると解していました。また、判例では、債権者への弁済について、債権者平等分配の原則は破産手続開始を待って初めて生ずるものであるため、債務超過の状態にあって一債権者に弁済することが他の債権者の共同担保を減少する場合においても、当該弁済は原則として詐害行為にならず、債務者が当該債権者と通謀し、他の債権者を害する意図をもって弁済したような場合に例外的に詐害行為になるとされていました（最二小判昭33.9.26民集12巻13号3022頁）。債権者に対する代物弁済についても同様に解されていました（最二小判昭48.11.30民集27巻10号1491頁）。

　一方で、破産法は、詐害行為否認の対象から担保供与行為と債務消滅行為を除外するとともに（同法160条1項）、原則として、破産者の支払不能になった後または破産手続開始の申立てがあった後に行われた既存債務に係る担保供与行為と債務消滅行為のみを偏頗行為否認の対象としています（破産法162条1項）。これは、債務消滅行為などは、計数上、財産状態の悪化をもたらさないことから財産減少行為とは区別されること、債務消滅行為が広く否認の対象になると、経済的危機に直面した債務者の経済活動が事実上不可能になるおそれがあることなどが考慮されたことによるものです。このように破産法では、支払不能後の債務消滅行為などに限り否認の対象となるところ、詐害行為取消権では、債権者と通謀して他の債権者を害する意図をもってする弁済等が取消対象となるため、債権者平等が強調される倒産の局面で機能する否認権より、平時における詐害行為取消権の方が、その時間的範囲は広くなるという逆転現象が生じていました。

　改正民法は、判例法理と倒産法における規律との整合性に基づき、特定の債権者に対する弁済その他債権の消滅行為について原則として詐害行為にはならないとし、例外的に詐害行為取消しを認めるケースについて特定の債権者のみを利する偏頗行為に関する類型を明文化しました。

　具体的には、本旨弁済に関して、①その行為が、債務者が支払不能（債務者が、支払能力を欠くために、その債務のうち弁済期にあるものにつき、一

般的かつ継続的に弁済することができない状態をいいます）の時に行われた
ものであることと、②その行為が、債務者と受益者とが通謀して他の債権者
を害する意図をもって行われたものであることの要件を満たす債務者がした
既存の債務についての債務消滅行為が新たに詐害行為取消権の対象として追
加されました（改正民法424条の３第１項）。

　上記①の要件に関連して、支払不能前にされた弁済その他の債務消滅行為
に関しては、改正民法424条の３第２項が定めるいわゆる非義務行為の類型
に当たる場合に該当しなければ詐害行為に該当しないことになります。な
お、債務消滅行為時には支払不能であったものの、その後支払不能状態から
回復したときは、当該債務消滅行為は詐害行為ではなくなり、取消しが認め
られないと解されます。

　上記②の要件は債務者と受益者とが通謀して他の債権者を害する意図を要
求するものであり、通常の詐害行為取消権よりも債務者・受益者の主観的要
件を加重しています（通謀的害意の要件は倒産法上の否認制度における主観
的要件よりも厳格な内容となっています）。

　また、債務消滅行為が債務者の義務に属しない場合（代物弁済等）や債務
消滅行為が債務者の義務に属しない場合（期限前弁済等）の類型について、
改正民法424条の３第２項はいわゆる非義務行為に係る詐害行為取消権を定
めました。具体的には、①支払不能前30日以内に、義務に属しない行為をし
た場合、または、その時期が義務に属しない行為をした場合（いわゆる非義
務行為の場合）であり、②その行為が、債務者と受益者とが通謀して他の債
権者を害する意図をもって行われたものであることの要件を満たす場合につ
いても、倒産法における否認対象行為（破産法162条１項２号参照）と平仄
を合わせて詐害行為取消しの対象となることが明文化されました。これは、
債務者が近々支払不能になると認識した債権者が、債務者が支払不能になる
前に期限前弁済を受けることによって、取消権の行使を潜脱的に回避するこ
とを防止するために設けられたものです。

　本設問において上記の要件が満たされる場合には、取消債権者は、債務者
が他の債権者に対してのみに行った返済行為の取消しを行うことができると
考えられます。

2 既存債務に対する担保供与行為

改正前民法は、詐害行為取消権の要件に関して「債権者を害することを知ってした法律行為」という概括的な規律を設けるのみであり、破産法とは異なり、詐害行為取消権において既存債務に対する担保供与行為に関する特別な類型を明文化していませんでしたが、判例において、詐害行為取消しについて既存債務に対する担保供与行為に関する判断が下されていました。

例えば、既存債務についてする担保提供行為は、共同担保が減少し債務者の残余財産では他の債権者に対し十分な弁済ができなくなるときには他の債権者の利益が害されるため、債務者がこれを知りながらあえて担保権を設定したときは詐害行為になるとする判例（最二小判昭32.11.1民集11巻12号1832頁、最二小判昭44.12.19民集23巻12号2518頁）がありました。

一方で、破産法では、債務消滅行為と同様に、担保設定行為については、支払不能後の行為と支払不能前30日以内の義務に属しない行為を否認の対象としています（同法162条1項）。

そこで、改正民法は、担保設定行為について、破産法における否認権との平仄を合わせて、既存の債務に対する担保供与行為も既存債務の消滅行為と同様の取扱いをすることを明文化しました（改正民法424条の3第1項本文）。また、担保供与義務がないにもかかわらず既存債務への担保供与を行うような非義務行為についても既存債務の消滅行為と同様の取扱いをすることが明文化されました（同条2項本文）。

本設問において上記の要件が満たされる場合には、取消債権者は、債務者が他の債権者に対し、債務者所有の不動産に抵当権を設定した行為の取消しを行うことができると考えられます。

3 害意や支払不能に関する推定規定

破産法162条2項・3項は、偏頗行為否認に関して通謀的害意や支払不能に関する推定規定を設けています。そして、中間試案では改正民法における偏頗行為における詐害行為取消請求においてこれらの推定規定と同様の規律を置くことが提案されました。もっとも、法制審議会における検討の結果、民法上の他の制度との関係における規律の密度や詳細さのバランス等を考慮

し、改正民法ではこれに対応する条項の立法化は見送られました。そこで、改正民法424条の3における支払不能や通謀的害意に関する主張・立証責任は取消債権者が負うと考えられます。

なお、実務上は破産法162条2項・3項の類推適用や事実上の推定等を行うこと等で対応を図るべきであるとの見解もあります（部会資料73A・46頁）。取消債権者の主張・立証活動に影響する事項であり、事実上の推定等がなされる余地があると考えられます。

4　過大な代物弁済等の特則

改正前民法は、詐害行為取消権の要件に関して「債権者を害することを知ってした法律行為」という概括的な規律を設けるのみであり、破産法とは異なり、詐害行為取消権において過大な代物弁済等の特則に関する特別な類型を明文化していませんでした（破産法160条2項参照）。

改正民法では、過大な代物弁済等についても詐害行為取消権の個別の類型が新設されました。

この点、代物弁済自体は、「偏頗行為（債務消滅行為）」の性質をも併せ持ちます。そこで、代物弁済は、改正民法424条の3の要件を満たせば詐害行為取消権が認められますが、過大な代物弁済等に関する特則により、債務者がした債務の消滅に関する行為であって、受益者の受けた給付の価額がその行為によって消滅した債務の額より過大であるものについて改正民法424条に規定する要件に該当するときは、債権者は、改正民法424条の3第1項の規定にかかわらず、その消滅した債務の額に相当する部分以外の部分については、詐害行為取消請求をすることが可能になりました（改正民法424条の4）。債務者がその所有する財産を売却して、当該売却代金を債務の弁済に充当する場合にも同条の適用があると解されます。

なお、前述のとおり、過大な代物弁済等に係る詐害行為取消権を行使するためには改正民法424条1項の要件を充足する必要があります。そこで、受益者が詐害行為時に債権者を害すべき事実を知らない場合には、取消債権者は同条項に基づく詐害行為取消しを行うことができないと解されます。受益者の善意についての主張・立証責任は受益者が負うと考えられます。

V　詐害行為取消権

実務のポイント

　改正民法の施行により、偏頗行為（特定の債権者への弁済等）や既存の債務に対する担保供与行為について判例法理や破産法との平仄を合わせて詐害行為取消権の個別類型の要件が明文化され、その対象行為の明確化・限定化が図られました。

　取消債権者は偏頗行為に関して通謀的害意や支払不能の主張・立証責任を負うと考えられますが、これらを主張・立証することは一般的に困難を伴うケースが多いと考えられます。これを解消するために、破産法162条2項・3項の類推適用や支払不能や通謀的害意の推認（事実上の推定）を行うことで解決を図るべきであるとの見解もあり、事実上の推定等がなされる余地があると考えられます。

（鈴木正人）

Q17 財産の転得者に対する詐害行為取消権の行使

債務者が処分した資産を受益者から取得した転得者に対しては、どのような場合に詐害行為取消権を行使することができますか。

A 改正民法下で転得者に対して詐害行為取消権を行使するためには、受益者に対する詐害行為取消権の要件を充足するほか、転得者が受益者から転得した場合は、転得者が、転得の当時、債務者がした行為が債権者を害することを知っていたことが必要とされ、転得者が他の転得者から転得した場合は、その転得者およびその前に転得したすべての転得者が、それぞれの転得の当時、債務者がした行為が債権者を害することを知っていたことが必要となりました（改正民法424条の5）。

また、転得者の悪意の主張・立証責任は、転得者が受益者から転得した場合と転得者が他の転得者から転得した場合のいずれのケースでも取消債権者が負うと考えられます。

1 転得者に対する詐害行為取消権の要件

改正前民法は、転得者に対する詐害行為取消権の要件に関して、「転得者が…転得の時において債権者を害すべき事実を知らなかったとき」は、転得者に対する詐害行為取消権を行使することができない旨を定めています（改正前民法424条1項ただし書）。この点、転得者自身が悪意ではあるもののその前者である受益者が善意であるケースについて、債権者が転得者に対して

詐害行為取消権を行使することができるのかについて規律した明文の定めは
ありませんでした。もっとも、判例により、受益者が善意であっても、転得
者自身が悪意であれば、転得者に対する詐害行為取消権の要件を満たすとさ
れていました（いわゆる相対的構成。最一小判昭49.12.12金法743号31頁）。
この帰結に対しては、いったん善意者を経由した以上は、その後に登場した
当事者を保護することで取引の安全を図るべきであるとの批判がありました。

　これに対して、改正民法は、債権者が受益者に対して詐害行為取消権を行
使できる場合に関して転得者に対する詐害行為取消権の要件を明文化し、
(1) 転得者が受益者から転得した場合と (2) 転得者が他の転得者から転得
した場合とを分けて規定します。

　債権者は受益者に対して詐害行為取消権を行使できることが前提となりま
すので、①被保全債権の存在、②被保全債権の発生原因が詐害行為前に生じ
たものであること、③保全の必要性があること、④債務者が財産権を目的と
した行為をしたこと、⑤詐害行為の存在、⑥当該行為が債権者を害すること
を債務者が知っていたこと（詐害意思の存在）という一般的な要件（改正民
法424条）が充足される必要があります。

　これらの要件に加えて転得者に対する詐害行為取消権では、前述のとおり
要件の場合分けがされています。(1) 転得者が受益者から転得した場合には、
転得者が、転得の当時、債務者がした行為が債権者を害することを知ってい
たこと、(2) 転得者が他の転得者から取得した場合には、その転得者および
その前に転得したすべての転得者が、それぞれの転得の当時、債務者がした
行為が債権者を害することを知っていたことが必要とされています（改正民
法424条の5）。受益者が悪意であることを転得者が知っていること（いわゆ
る二重の悪意）までは要求されていません。

　取消債権者が転得者に対する詐害行為取消権を行使するためには、当該転
得者自身の悪意のほか、受益者や前の転得者の悪意が必要とされました。

　また、転得者の悪意の主張・立証責任は、転得者が受益者から転得した場
合と転得者が他の転得者から転得した場合のいずれのケースでも取消債権者
が負うと解されます（潮見92頁、93頁）。

　なお、倒産法における転得者否認制度については、債権者を害することを

前者が知っていたことを当該転得者が知っていたこと（いわゆる二重の悪意）が要求されていましたが（破産法170条1項、民事再生法134条1項、会社更生法93条1項）、二重の悪意は転得者に対する否認権の要件として厳格すぎるとの指摘がありました。そこで、前述のとおり改正民法424条の5は二重の悪意の要件は採用しませんでした。併せて、整備法により転得者否認制度が改正され（整備法による改正後の破産法170条1項、民事再生法134条1項、会社更生法93条1項）、倒産法の同制度においても二重の悪意の要件は要求されないこととなりました。

　本設問では、取消債権者は、改正民法424条が定める一般的な要件が充足されるとともに、受益者・転得者の悪意が認められる場合には債務者が処分した資産を受益者から取得した転得者に対して詐害行為取消権を行使できると考えられます。

2　転得者に対する詐害行為取消権の行使の方法

　改正前民法424条は、詐害行為取消訴訟において誰を被告とすべきかについて特段の規律を定めていませんが、判例（大連判明44.3.24民録17輯117頁等）は、受益者または転得者のみを被告とすれば足り、債務者を被告とする必要はない（債務者に被告適格はない）旨を判示しています。これは、詐害行為取消訴訟の法的性格は、詐害行為の取消しを請求する形成訴訟としての性格と、逸出財産の返還を請求する給付訴訟としての性格とを併有することを認めたものであると考えられています。さらに、逸出財産の返還の方法として、現物返還と価額償還のいずれの請求をすることができるかについても特段の規律は定められていませんでした。もっとも、判例（大判昭7.9.15民集11巻1841頁等）は、原則として現物返還請求を認め、現物返還が困難であるときは価額償還を請求することができる旨を示していました。

　これに対して、改正民法は、この判例法理を明文化し、転得者に対する詐害行為取消訴訟については詐害行為取消請求の相手方である転得者のみを被告とする旨を定めました（改正民法424条の7第1項2号）。また、債権者は、転得者に対する詐害行為取消請求において、債務者がした行為の取消しとともに、転得者が転得した財産の返還を請求することができ、転得者がその財

101

産の返還をすることが困難であるときは、債権者は、その価額の償還を請求することができるとの規定が新設されました（改正民法424条の6第2項）。

3 詐害行為取消権の行使の効果、詐害行為取消請求を受けた転得者の権利

改正前民法425条は、詐害行為の取消しはすべての債権者の利益のためにその効力を生ずる旨を定めているのみでしたが、判例（前掲大連判明44.3.24）により、詐害行為取消しの効果は債務者や転得者の前者には及ばないとされており、いわゆる相対的取消説が採られていました。そして、相対的取消説のもとでは、転得者が逸出財産を債務者に返還したとしても、前者に対して行った反対給付の返還請求や前者に対する債権の回復は認められず、この場合に、債務者に対して返還した財産によって取消債権者を含む債権者がその債権の満足を得たときに初めて、転得者は債務者に対して不当利得の返還請求をすることができるにすぎないと考えられていました。

これに対して、改正民法は、詐害行為取消請求訴訟の認容判決が債務者およびすべての債権者に及ぶことになりました（改正民法425条。詳細はQ12を参照）。

一方で、転得者に対して行使された詐害行為取消しの効果は、転得者の前者には及びません。そこで、転得者が取消債権者や債務者に現物返還や価額返還を行ったとしても、転得者の前者に対する反対給付の返還請求や当該前者に対して有していた債権の回復は認められないことになります。そのため、改正民法では、詐害行為取消請求訴訟の認容判決が、債務者およびすべての債権者に及ぶことを前提に、詐害行為取消請求を受けた転得者の権利に関する規律が新設されました（改正民法425条の4）。

具体的には、転得者に対する詐害行為取消請求によって、①財産の処分が詐害行為として取り消された場合は、（仮に受益者を被告とする詐害行為取消請求が認められたとしたならば）受益者が債務者に対して有していたであろう反対給付返還請求権・価額償還請求権を転得者が行使することを認め（改正民法425条の4第1号）、②債務の消滅に関する行為が取り消された場合は、（仮に受益者を被告とする詐害行為取消請求が認められたとしたなら

ば）受益者が債務者に対して有していたであろう債権を、転得者が行使することを認めました（同条2号）。ただし、この場合の権利行使は、「その転得者がその前者から財産を取得するためにした反対給付又はその前者から財産を取得することによって消滅した債権の価額」を限度として認められます（同条ただし書）。

　なお、整備法により、倒産法における否認制度においても、転得者の反対給付や債権の取扱いに関する改正民法425条の4に相当する規定が新設されました（整備法による改正後の破産法170条の2、170条の3、民事再生法134条の2、134条の3、会社更生法93条の2、93条の3）。

> **実務のポイント**
>
> 　改正民法の施行により、債権者が財産の転得者に対して詐害行為取消権を行使するためには、当該転得者に加えて当該財産を取得等した受益者・転得者の全員が債権者を害することを知っていたことが必要となりました（改正民法424条の5）。転得者の悪意の主張・立証責任は、転得者が受益者から転得した場合と転得者が他の転得者から転得した場合のいずれのケースでも取消債権者が負うと解されます。
>
> 　これらの改正により、転得者に対する詐害行為取消権の行使は改正前民法と比べて困難になるものと予想されます。
>
> 　さらに、詐害行為取消請求訴訟の認容判決が債務者およびすべての債権者に及ぶことを前提に、同請求を受けた転得者の権利に関する規律も新設されました（改正民法425条の4）。

（鈴木正人）

VI

多数当事者の債権および債務

Q18 連帯債務における絶対効

連帯債務者のうち1人に対し債務を免除した場合、他の連帯債務者との関係で、どのような効果を生じますか。また、免除をしたことにより、他の連帯債務者から何らかの請求を受けることがありますか。

A 改正民法では、改正前民法において連帯債務者に対する債務の免除は絶対的効力を有するとしていた条項を削除し、免除の効力も相対的効力を有するにとどまるとしました。したがって、連帯債務者の1人に対して債務を免除したとしても、他の連帯債務者に免除の効果が及ぶことはありません。債権者は、連帯債務者の1人に対して債務を免除した上で、他の連帯債務者から債権額全額の弁済を受けたとしても、弁済をした連帯債務者から、免除をした連帯債務者の負担部分相当額の返還を請求されるなど、その連帯債務者の1人に対してした免除の効果を主張されることはないことになりました。もっとも、連帯債務者の1人に対する債務の免除が、他の連帯債務者との関係で担保保存義務違反となることはあり得ます。そのため、連帯債務者の1人に対して債務を免除する場合には、他の連帯債務者から担保保存義務違反を主張されないためにも、他の連帯債務者からその連帯債務者の債務を免除することについて承諾書を徴求しておくことが望ましいと言えます。

1 連帯債務者の1人について生じた事由の効力

(1) 改正前民法における絶対的効力

改正前民法では、連帯債務者の1人について生じた事由は他の連帯債務者に対して効力が生じないことを原則としながらも（改正前民法440条。相対的効力）、弁済、履行の請求、更改、相殺、免除、混同、時効の完成という

VI　多数当事者の債権および債務

広い範囲に絶対的効力を認めていました（改正前民法434条〜439条）。

　したがって、連帯債務者の1人に対して履行の請求をすることで、他の連帯債務者に対しても履行の請求をしたことと同様の効力が生じていたので、これにより請求の相手方ではない連帯債務者についても消滅時効の中断を図り、また、期限の定めのない債務については履行遅滞責任を生じさせることができていました。

(2)　**改正民法における絶対的効力**

　改正民法では、改正前民法において絶対的効力事由とされていたもののうち、弁済、更改、相殺、混同は引き続き絶対的効力事由とされましたが、履行の請求、免除、時効の完成は相対的効力とされることになりました（改正民法441条本文）。なお、当事者間の特約によって、絶対的効力事由とすることは可能とされています（改正民法441条ただし書）。

　改正前民法と改正民法との連帯債務者の1人について生じた事由の効力の変更点は以下のとおりです。

〔図表18〕連帯債務者の1人について生じた事由の効力

	改正前民法	改正民法
弁済	絶対的効力	絶対的効力
履行の請求	絶対的効力	**相対的効力**
更改	絶対的効力	絶対的効力
相殺	絶対的効力 （他人の債権での相殺は負担部分のみ）	絶対的効力 （他人の債権での相殺は負担部分の限度において履行拒絶可能）
免除	絶対的効力	**相対的効力**
混同	絶対的効力	絶対的効力
時効の完成	絶対的効力	**相対的効力**

(3) 改正の実務影響

a 連帯債務者の1人に対する履行の請求について

　改正前民法においては、履行の請求に絶対的効力が認められていたことから、連帯債務者のうちの1人に対して履行の請求をすれば、他の連帯債務者との関係でも履行の請求の効力を生じさせることができ、全連帯債務者についての時効管理は容易でした。

　しかし、改正民法では、履行の請求には絶対的効力が認められなくなることから、1人の連帯債務者に対して履行の請求をしても、他の連帯債務者に対して履行の請求の効力を及ぼすことはできません。したがって、連帯債務者の時効の完成を阻止するためには、特約がない限りは、すべての連帯債務者に対して履行の請求をする必要に迫られることになります。また、連帯債務者の全員について履行遅滞責任を生じさせ、遅延損害金を請求しようとする場合にも、他の連帯債務者に対して履行の請求をしなければならなくなりました。

　そこで、連帯債務者に対する時効管理を従前どおり簡易なものにする方策として、連帯債務の発生原因となる契約を締結する際に、当事者間における特約により、履行の請求が絶対的効力を有する旨を規定しておくことが考えられます。具体的には、個々の連帯債務者との間において、「連帯債務者のうち、1人に対して履行の請求を行った場合、他の連帯債務者に対しても履行の請求がなされたこととする」旨の条項を定めておくことで、これまでと同様の時効管理が可能になると考えられます。

○連帯債務者の一部に対する履行の請求に絶対的効力を生じさせる条項例

> 　民法441条本文の規定にかかわらず、甲に対する連帯債務者である乙または丙の一方の債務者に対する履行の請求は、他方の債務者に対する関係においても絶対的効力を有し、他方の債務者との関係においても、その時効の完成を猶予し、更新するものとする。

VI　多数当事者の債権および債務

b　連帯債務者の1人に対する免除について

　改正前民法は、連帯債務者の1人に対してなした債務の免除は、その連帯債務者の負担部分についてのみ他の連帯債務者の利益のためにも効力を生じるとされていましたが（改正前民法437条）、改正民法では、連帯債務者の1人に対してなした債務の免除は他の連帯債務者に対しては効力を生じないとされました。なお、連帯債務者の1人に対して債務の免除をした場合においても、他の連帯債務者は、その1人の連帯債務者に対し、免除を受けた債務額のうち各自の負担部分に応じた額の求償権を行使することができるとされています（改正民法445条、442条1項）。

　実務上では、資産や収入のない連帯債務者の債務を免除する場合や連帯債務者から一部弁済がなされることを条件として債務の残額を免除する等、債権管理の合理化といった観点から一部の連帯債務者の債務を免除する場面がありますが、改正前民法においては、他の連帯債務者に対する債権にも免除した連帯債務者の負担部分に応じて効力が生じることから、免除する連帯債務者の負担部分の割合が大きい場合など、債権者は思わぬ損失を被る可能性があり、安易に連帯債務者の債務を免除することはできませんでした。

　しかし、改正民法では、免除が相対的効力となることから、連帯債務者の1人に対して免除をしたとしても他の連帯債務者には効力が生じず、債権者は、他の連帯債務者に対しては債権の全額を請求することができることになりますので、上記のような一部の連帯債務者に対する免除が検討される場面において、残される連帯債務者の資産や収入のみを考慮し、回収可能性を検討した上で、回収可能性のない連帯債務者の債務を免除する（例えば、一部弁済を受けた上で残債務を免除する等）という判断が可能となります。

　もっとも、残される連帯債務者にとっては、免除される連帯債務者は、求償時に法定代位の対象となり得る人的担保という地位を有することから、債権者が連帯債務者の1人に対して債務を免除することは、債権者の担保保存義務との関係でも問題となりますので、この点に対する留意が必要となります。具体的には、一部の連帯債務者の債務を免除する場合には、他の連帯債務者に対し、存続する連帯債務の範囲を含め、免除に対する承諾を書面で得ておくべきこととなります（債権者の担保保存義務に関する詳細については

110

Q18　連帯債務における絶対効

Q37参照）。

2　連帯保証への準用

　改正前民法では、連帯債務の効力に関する規律は連帯保証にも準用されていましたが（改正前民法458条）、その点は改正民法においても変更はありません。

　改正民法により、連帯保証人の1人に対する履行の請求は、主債務者や他の連帯保証人に対して、その効力を及ぼさないことになります。したがって、連帯保証人に対する請求のみによっては、主債務者や他の連帯保証人の時効を中断することができなくなりますので、この点についてとくに留意しておく必要があります。従前のように、連帯保証人に対する請求によって主債務者や他の連帯保証人との関係でも時効中断を図れるようにするには、当事者間において、履行の請求に絶対的効力が認められる旨の特約をしておくといった対応が必要になります。

3　経過措置

　連帯債務の改正については、「施行日前に生じた…旧法第432条に規定する連帯債務（これらの原因である法律行為が施行日前にされたものを含む。）については、なお従前の例による」との経過措置が設けられています（改正民法附則20条2項）。そのため、契約上の債権については、債権が発生する根拠となる契約が締結された時点と改正民法施行の先後を基準として、改正民法に基づく規律が適用されるか否かが決せられることになります。

111

VI　多数当事者の債権および債務

実務のポイント

　連帯債務における絶対的効力事由の変更に伴い、連帯債務者や連帯保証人の1人に対する履行の請求が他の連帯債務者や主債務者、他の連帯保証人に対して原則として効力を有しないとされた点は、とくに時効管理との関係で実務に大きな影響を与えます。そのため、連帯債務者や主債務者、連帯保証人と契約をする際には、他の連帯債務者や連帯保証人に対する履行の請求が絶対的効力を有する旨の合意をしておくといった対応が望ましいと言えます。

　また、連帯債務者や連帯保証人の1人に対する債務の免除にあたっては、これが相対的効力を有するにとどまることになりましたが、依然として、債権者の担保保存義務との関係での問題は残りますので、免除後に残される連帯債務者や主債務者、連帯保証人との間で、一部の連帯債務者や連帯保証人の債務を免除することについて、承諾書を徴求しておくべきことが実務における重要な留意点と言えます。

（荒井隆男）

VII

保証債務

Q19 主債務の履行状況に関する情報提供義務

　保証人から、主債務の元本、利息の残額や遅滞の有無について情報を提供するよう請求を受けましたが、どのように対応すべきでしょうか。

A　改正民法においては、保証人が主債務者の委託を受けて保証をした場合において、保証人の請求があったときは、債権者は、保証人に対し、遅滞なく、主債務の元本および主債務に関する利息、違約金、損害賠償その他その債務に従たるすべてのものについての不履行の有無ならびにこれらの残額およびそのうち弁済期が到来しているものの額（以下「主債務の履行状況」といいます）に関する情報を提供しなければならないものとされました（改正民法458条の2）。

　したがって、請求を行ってきた保証人が委託を受けた保証人である場合、債権者は、その保証人に対し、主債務の履行状況について、遅滞なく情報提供を行う必要があります。

1　主債務の履行状況に関する情報提供義務

　主債務者が主債務について債務不履行に陥ったにもかかわらず、保証人が長期間にわたってそのことを知らず、保証人が請求を受けた時点では遅延損害金が積み重なり、多額の履行を求められるという酷な結果になる場合があります。

　しかし、保証人は、主債務者が債務不履行状態となっているのかどうか、また、主債務がどれくらい弁済されていて、残債務がどれほど残っているのか、当然には知り得る立場にありません。

　これらの情報を得る上で、最も確実な方法は債権者に照会することです。しかし、改正前民法においては、保証人が債権者に対して照会した場合に、

115

債権者がこれら事実についての回答義務を負うのかどうかについて、規定が置かれていませんでした。この点に関し、金融庁は、金融機関を対象とする監督指針において、「経営者以外の第三者の保証人個人に保証債務の履行を求める場合は、基本的に保証人が主債務者の状況を当然には知り得る立場にないことに留意し、事後の紛争等を未然に防止するため、必要に応じ、一連の各種手続について正確な情報を提供する等適切な対応を行う態勢となっているか」（「主要行等向けの総合的な監督指針」Ⅲ-3-3-1-2(6)③イ、「中小・地域金融機関向けの総合的な監督指針」Ⅱ-3-2-1-2(6)③イ）、「経営者以外の第三者と根保証契約を締結する場合には、原則として、契約締結後、保証人の要請があれば、定期的又は必要に応じて随時、被保証債務の残高・返済状況について情報を提供することとしているか」（同じくⅢ-3-3-1-2(2)①ト、Ⅱ-3-2-1-2(2)①ト）との定めを置いていましたが、守秘義務との関係で、実体法上、保証人からの照会に対する回答の可否や、回答が許される範囲について、判断に迷う場合があるとの指摘もありました。そこで、保証人からのこのような照会があった場合に、債権者が取るべき行為に関する規律を設ける必要性が指摘されていました（部会資料76A・11頁参照）。

　そこで、改正民法においては、保証人が主債務者の委託を受けて保証をした場合において、保証人の請求があったときは、債権者は、主債務の履行状況に関する情報を提供しなければならないものとされました（改正民法458条の2）。

2　主債務の履行状況に関する情報提供義務の発生要件

　主債務の履行状況に関する情報提供義務は、以下の場合に発生します。なお、主債務が事業のために負担する債務であるか否か、また、保証人が個人であるか法人であるかは問いません。
①　保証人が委託を受けた保証人であること
②　保証人の請求があったこと
　①に関し、債権者に情報の提供を求めることができる主体が委託を受けた保証人に限定されたのは、債務不履行の有無や主債務の額などは主債務者の信用などに関する情報であることから、主債務者の委託を受けていない場合

にまで、これらの情報を請求する権利を与えるのは相当ではないと考えられたことによります。

②の保証人の請求の方式について、改正民法はとくに定めを置いていませんので、口頭での請求も可能と解されます。

3 主債務の履行状況に関する情報提供義務の対象となる事実

情報提供義務の対象となる事実は、主債務の履行状況、すなわち、「主たる債務の元本及び主たる債務に関する利息、違約金、損害賠償その他その債務に従たる全てのものについての不履行の有無並びにこれらの残額及びそのうち弁済期が到来しているものの額に関する情報」です（改正民法458条の2）。

主債務の履行状況以外の事実については、情報提供義務の対象とはなりませんので留意が必要です。

4 主債務の履行状況に関する情報提供の方法

情報提供の方法について、改正民法は定めを置いていません。

情報提供を正確に実施し、かつ、情報提供を行った事実を事後的に検証できるようにする観点からは、情報提供は書面によって行うことが望ましいものと考えられますが、保証人との協議の中で主債務の履行状況をその場で回答するなど、口頭提供する場合もあり得るところです。

なお、情報提供は、「遅滞なく」行う必要がありますので、留意が必要です。

○情報提供の内容例

1　主債務の表示：主債務者○○、貸付日○年○月○日、貸付元本：○円
2　不履行の有無：有
3　主債務の残額：○○円（元本○円、利息○円、違約金○円、その他（○○）○円）
4　3のうち弁済期が到来しているもの：○○円（元本○円、利息○円、違約金○円、その他（○○）○円）

5　主債務の履行状況に関する情報提供の効果

　債権者が、改正民法458条の2に即して主債務の履行状況に関する情報を保証人に提供した場合、債権者は守秘義務違反を問われることはありません。情報提供が主債務者の意に沿わない場合であっても同様です。

　他方、保証人が委託を受けた保証人ではなかった場合など、改正民法458条の2の要件を充足しないにもかかわらず、債権者が主債務の履行状況に関する情報提供を行った場合は、本条による保護を受けることはできませんので、留意が必要です。

6　主債務の履行状況に関する情報提供義務違反の効果

　改正民法は、債権者が情報提供義務に違反した場合の効果については明記していません。

　しかし、情報提供義務違反（提供した情報が誤っていた場合や、情報提供を「遅滞なく」行わなかった場合を含みます）は、債権者の保証人に対する債務不履行を構成し得るものと考えられますので、債務不履行や不法行為といった一般法理に従い、債権者は、保証人に対し、情報提供義務違反によって保証人が被った損害につき、損害賠償義務を負う可能性があります。例えば、委託を受けた保証人が、十分な資力と保証債務の履行意思を有していた場合において、債権者が情報提供義務を怠ったことによって保証人が早期弁済の機会を逸してしまい、遅延損害金の負担が膨らんでしまったような場合、保証人が、債権者に対し、債権者の情報提供義務違反によって遅延損害金相当の損害を被ったとして、損害賠償請求を行ったり、損害賠償債権と保証債務との相殺の主張を行ったりすることなどが考えられます。

　また、債務不履行の効果として、保証契約の解除の主張がなされる可能性も考えられます（潮見佳男『新債権総論II』672頁（信山社、2017年））。

7　経過措置

　改正民法附則21条1項は、「施行日前に締結された保証契約に係る保証債務については、なお従前の例による」と定めています。したがって、主債務の履行状況に関する情報提供義務が発生する保証債務は、施行日以後に締結

された保証契約に限られます。

　もっとも、金融機関等の債権者は、保証人からの主債務の履行状況に関する情報提供の要請を受けた場合、一定程度これに応じてきたものと思われますので、保険契約の締結日と施行日の前後関係によって、管理方法を明確に分ける必要性は乏しいものと考えられます。

実務のポイント

　従前、金融機関等の債権者は、保証人から主債務の履行状況に関する情報提供の要請を受けた場合、一定程度これに応じてきたものと思われます。しかし、改正民法によって情報提供が法律上の義務とされ、これを怠った場合には、損害賠償義務を負う可能性も生じることとなった以上、委託を受けた保証人からの請求があった場合には遅滞なく情報提供を行う必要があり、そのために必要な体制を改めて整備し直す必要があるものと考えられます。

　具体的には、保証人からの請求の受付、情報提供義務の要件充足性の確認、提供する情報の範囲の明確化、回答の方式と遅滞なき回答の実施方法の策定、実施した情報提供の履歴管理について、体制整備の状況を改めて確認する必要があります。

（大野徹也）

VII 保証債務

Q20 主債務者が期限の利益を喪失した場合の情報提供義務

　　主債務者が、約定返済を延滞した場合に、保証人との関係で留意すべきことがありますか。

　A　改正民法においては、主債務者が期限の利益を有する場合において、その利益を喪失したときは、債権者は、法人を除く保証人（以下「個人保証人」といいます）に対し、その利益の喪失を知った時から2カ月以内に、その旨を通知しなければならないものとされました（改正民法458条の3第1項）。

　したがって、主債務者が約定返済を延滞したことによって期限の利益を失った場合、債権者は、個人保証人に対し、期限の利益の喪失を知った時から2カ月以内に、その旨を通知しなければなりません。もし、2カ月以内に通知をしなかったときは、主債務者が期限の利益を喪失した時から通知を現にするまでに生じた遅延損害金を、保証人に請求することができなくなります（改正民法458条の3第2項）。

1　主債務者が期限の利益を喪失した場合における情報提供義務

　主債務について分割払いの定めがあり、それによる期限の利益を主債務者が有している場合には、保証人もこれを主張することができることとなります。

　しかし、保証人は主債務者の履行状況について必ずしも把握しているわけではありません。そのため、主債務について分割払いの定めがある場合に、保証人は主債務者が各支払期日に履行をしていると考えていたにもかかわらず、実は主債務者が履行を怠って期限の利益を失っていたような場合、保証人は、期限の利益を主張することができなくなり、予想に反して元本債務を

120

一度に履行しなければならない上、発生していないと考えていた遅延損害金も支払わなければならないという負担を負うことになってしまいます（部会資料70A・15頁参照。なお、金融庁「主要行等向けの総合的な監督指針」Ⅲ-3-3-1-2(6)③イや「中小・地域金融機関向けの総合的な監督指針」Ⅱ-3-2-1-2(6)③イは、「例えば、経営者以外の第三者の保証人個人に保証債務の履行を求める場合は、基本的に保証人が主債務者の状況を当然には知り得る立場にないことに留意し、事後の紛争等を未然に防止するため、必要に応じ、一連の各種手続について正確な情報を提供する等適切な対応を行う態勢となっているか」といった定めを置いています）。

そこで改正民法は、主債務者が期限の利益を有する場合において、その利益を喪失したときは、債権者は、個人保証人に対し、その利益の喪失を知った時から2カ月以内に、その旨を通知しなければならないものとし、通知をしなかったときは、債権者は、個人保証人に対し、主債務者が期限の利益を喪失した時から、同項の通知を現にするまでに生じた遅延損害金（期限の利益を喪失しなかったとしても生ずべきものを除く）に係る保証債務の履行を請求することができないものとしました（改正民法458条の3）。

2 主債務者が期限の利益を喪失した場合における情報提供義務の発生要件

主債務者が期限の利益を喪失した場合における情報提供義務は、以下の場合に発生します。

① 主債務者が期限の利益を有する場合であること
② ①の利益を喪失したこと
③ 保証人が個人保証人であること（改正民法458条の3第3項）

主債務の履行状況に関する情報提供義務（改正民法458条の2。Q19参照）は、委託を受けた保証人からの請求があった場合に発生しますが、主債務者が期限の利益を喪失した場合における情報提供義務は、通知の対象となる保証人は委託を受けた保証人には限られず、保証人からの請求も要件とされませんので、留意が必要です。

ただし、保証人が法人である場合には、情報提供義務の対象外となります

VII　保証債務

（改正民法458条の3第3項）。

3　主債務者が期限の利益を喪失した場合における情報提供義務の対象となる事実

　情報提供義務の対象となる事実は、「その旨」すなわち「主債務者が期限の利益を喪失した旨」です。当然のことながら、個人保証人が、期限の利益を喪失した主債務を特定するに足りるだけの情報は提供する必要があるものと考えられます。

○情報提供の内容例

　貴殿が保証している主たる債務が、下記のとおり期限の利益を喪失しましたので通知します。
記

主たる債務の表示：主債務者○○、貸付日○年○月○日、貸付元本：○円
期限の利益を喪失した日：○年○月○日
当社が期限の利益の喪失を知った日：○年○月○日

4　主債務者が期限の利益を喪失した場合における情報提供の方法

　債権者は、「期限の利益の喪失を知った時」（「期限の利益を喪失した時」ではありません）から2カ月以内に通知をしなければなりません。

　情報提供の方法について、改正民法は定めを置いていません。しかし、2カ月以内に通知を行った事実が証明できないと、債権者は、後述のとおり、遅延損害金が請求できなくなるという不利益を受けることとなりますので、実務上は、2カ月の期間内に通知を行ったことが証明できるよう、内容証明郵便等の書面による通知を行うことが望ましいものと考えられます。

5　主債務者が期限の利益を喪失した場合における情報提供義務違反の効果

　債権者は、期限の利益の喪失を知った時から2カ月以内に通知をしなかっ

たときは、個人保証人に対し、主債務者が期限の利益を喪失した時から、同通知を現にするまでに生じた遅延損害金（期限の利益を喪失しなかったとしても生ずべきものを除く）に係る保証債務の履行を請求することができなくなります。

　つまり、期限の利益の喪失を知った時から2カ月以内に通知を行えば、期限の利益の喪失日以降の遅延損害金を切れ目なく個人保証人に請求できるものの、この通知を行わなかった場合、期限の利益を喪失した時から実際に通知をするまでの期間に相当する遅延損害金を請求することができなくなります。なお、かっこ書で除外されている「期限の利益を喪失しなかったとしても生ずべきもの」には、既に期限が到来していて、今回の期限の利益の喪失の対象とはなっていない部分に関する遅延損害金や利息などが該当します。

　なお、債権者が通知をしなかったからといって、債権者が個人保証人に対し、主債務についての期限の利益喪失の効果を主張することができなくなるわけではありません。例えば、分割払いの金銭債務を負担している債務者が、ある回の支払期日に支払をしなかったために期限の利益を喪失した場合は、個人保証人は、債権者から上記の通知を受けなかったからといって、履行期未到来の抗弁を出せるわけではありません（潮見127頁）。

6　経過措置

　改正民法附則21条1項は、「施行日前に締結された保証契約に係る保証債務については、なお従前の例による」と定めています。したがって、主債務が期限の利益を喪失した場合の情報提供義務が発生するのは、施行日以後に締結された保証契約となります。

VII 保証債務

実務のポイント

　従前、債権者は、主債務者が期限の利益を喪失した場合であっても、直ちに保証人に対する請求に着手することは少なく、主債務者に対する回収交渉を継続する場合が多いものと思われます。しかし、主債務者が期限の利益を喪失した場合における情報提供が義務化されたことを受けて、保証人に対する請求に着手すると否とを問わず、2カ月以内に同義務を的確に実施するための体制を整備することが必要となります。

（大野徹也）

Q21 契約締結時の情報提供義務と保証債務の取消し

　貸付債権の保証人に対し、保証債務の履行を求めたところ、「主債務者が十分な資力を有していると思っていたが、そうではなかったため、保証契約を取り消す」と言われました。このような主張には理由があるのでしょうか。

A　改正民法においては、主債務者が、事業のために負担する債務（以下「事業性債務」といいます）を主債務とする保証または主債務の範囲に事業性債務が含まれる根保証の委託をするときは、委託を受ける者（法人を除く）に対し、財産および収支の状況その他の一定の事項（以下「情報提供対象事項」といいます）に関する情報を提供しなければならないものとされました（改正民法465条の10第1項）。

　そして、主債務者が情報提供対象事項に関して情報を提供せず、または事実と異なる情報を提供したために、委託を受けた者がその事項について誤認をし、それによって保証契約の申込みまたはその承諾の意思表示をした場合において、主債務者がその事項に関して情報を提供せずまたは事実と異なる情報を提供したことを債権者が知りまたは知ることができたときは、保証人は、保証契約を取り消すことができるものとされました（改正民法465条の10第2項）。

　したがって、主債務者が、保証人（法人を除く）に対し、事業性債務に係る保証の委託をした際、主債務者の情報提供対象事項に関する正しい情報提供を行っておらず、かつ、債権者において、そのことを知り、または知ることができたときには、保証契約が取り消されてしまいます。

　保証契約は、保証人になろうとする者と主債務者との個人的情義等から行

125

VII　保証債務

われるものが多いことや、保証契約の際には保証人が現実に履行を求められるかどうかが不確定であることから、保証人になろうとする者が自己の責任を十分に認識していないまま安易に契約が結ばれる場合も多く、保証人が多額の保証債務の履行を求められるという、保証人の予測に反した結果になることが多く生じています。しかし、保証契約の締結にあたって、保証人に対してどのような情報を提供し、どのような事項を説明しなければならないかについて、改正前民法は特別な規定を設けていませんでした。

そこで、改正民法は、主債務者は、事業性債務を主債務とする保証または主債務の範囲に事業性債務が含まれる根保証の委託をするときは、委託を受ける者（法人を除く）に対し、情報提供対象事項に関する情報を提供しなければならないものとしました（改正民法465条の10第1項。部会資料70A・11頁参照）。

1　契約締結時の情報提供義務の対象となる保証

契約締結時の情報提供義務の対象となるのは、以下のいずれかの保証です。
① 事業性債務を主債務とする保証
② 主債務の範囲に事業性債務が含まれる根保証

主債務は、貸金等債務（金銭の貸渡しまたは手形の割引を受けることによって負担する債務（改正民法465条の3第1項））には限定されず、事業性債務全般が対象となりますので、留意が必要です。

2　契約締結時の情報提供義務の主体

契約締結時の情報の提供義務を負うのは主債務者です。

改正民法の審議過程においては、情報提供義務の主体を、主債務者ではなく、債権者とする案も示されていましたが、債権者が主債務者の資力について十分な情報を有している保障はなく、むしろ十分に把握するのは困難であることも多いと考えられることから、主債務者が情報提供義務の主体とされました。

3　契約締結時の情報提供義務の対象となる保証人

契約締結時の情報提供義務の対象となるのは、保証の「委託を受ける者」ですので、委託によらずに保証人になろうとする者は情報提供義務の対象とはなりません。

また、保証の「委託を受ける者」が法人の場合は情報提供義務の対象とはなりません（改正民法465条の10第3項）。保証の「委託を受ける者」が個人である限り、主債務者の取締役、支配株主、共同事業者、配偶者等であっても情報提供義務の対象となります。

4　契約締結時の情報提供義務の内容

主債務者が提供義務を負う情報提供対象事項の内容は以下のとおりです。
① 財産および収支の状況
② 主債務以外に負担している債務の有無ならびにその額および履行状況
③ 主債務の担保として他に提供し、または提供しようとするものがあるときは、その旨およびその内容

①～③の各情報について、どの程度詳細な情報を提供する必要があるのか、条文上は必ずしも明らかではありませんが、契約締結時の情報提供義務は、保証の「委託を受ける者」が、保証契約を締結するか否かの判断材料を提供するためのものですので、同判断に影響を与えると認められる情報については、提供義務の対象となる可能性が高いものと考えられます。提供した情報に多少の事実相違があったとしても、保証の「委託を受ける者」が保証契約を締結するか否かの判断に影響を与えるとは認められない程度のものであれば、情報提供義務違反にはならないものと考えられます。

具体的な情報提供の方法としては、例えば主たる債務者が法人の場合には、①および②については決算書により決算内容を伝えるとの考え方が示されています（中村弘明「保証債務（その2）」詳説196頁）。

5　契約締結時の情報提供義務違反の効果

主債務者が情報提供義務対象事項に関して情報を提供せず、または事実と異なる情報を提供したために、保証の「委託を受けた者」がその事項につい

VII 保証債務

て誤認をし、それによって保証契約の申込みまたはその承諾の意思表示をした場合において、主債務者がその事項に関して情報を提供せずまたは事実と異なる情報を提供したことを債権者が知りまたは知ることができたときは、保証人は、保証契約を取り消すことができます（改正民法465条の10第2項）。

保証契約の当事者は債権者と保証人ですので、主債務者が情報提供義務を果たさなかったからといって直ちに保証契約を取り消すことができることとすると、債権者の与かり知らない事情によって担保を失うという不利益を債権者に課すことになってしまいます。そこで、第三者詐欺（改正民法96条2項）に関する規定と同様に、債権者が、主債務者による情報提供義務の不履行・虚偽の説明の事実を知り、または知ることができた場合に限って、保証契約の取消しが認められることとなったものです（部会資料70A・13頁参照）。

保証人が保証契約を取り消すためには、以下の要件が充足される必要があります。これら事実については、取消権を行使する保証人の側に立証責任があるものと解されます。

① 主債務者が情報提供義務対象事項に関して情報を提供せず、または事実と異なる情報を提供したこと
② ①のために委託を受けた者がその事項について誤認をし、それによって保証契約の申込みまたはその承諾の意思表示をしたこと
③ 主債務者がその事項に関して情報を提供せずまたは事実と異なる情報を提供したことを債権者が知り、または知ることができたこと

6 債権者による契約締結時の情報提供義務への関与の要否

上記③については、主たる債務者が保証人にいかなる情報提供をしたのか（あるいは、情報提供をしなかったのか）を保証人に対して照会したり、調査をしたりする義務を債権者に課すものではないものとされています（潮見佳男『新債権総論Ⅱ』781頁（信山社、2017年））。

他方で、債権者と主債務者との間で取引関係があり、明らかに説明を受けた事項が虚偽であったと普通であればわかるような場面では、債権者が主債務者から、保証人に対して情報提供をした内容が真実かつ正確であり、かつ、過不足がない旨の表明保証を受けていたとしても、この事実から直ちに債権

者の無過失が帰結されるわけではないものとされています（部会第86回会議議事録23頁〔笹井朋昭関係官発言〕参照）。

そうすると、これら議論を踏まえたミニマムな対応としては、「情報の提供を行った」旨の確認書を主債務者と保証人から取得することとした上で、主債務者の説明が明らかに虚偽であることを債権者が知った場合に限って、債権者に正確な情報提供を行うよう促すこととする、という体制が考えられます。しかし、この体制では、保証人が情報提供義務違反に基づく取消権を行使してきた場合、主債務者が保証人にどのような情報を提供していたのか、債権者はその情報についてどの程度了知していたのか、また、債権者はその情報が明らかに虚偽であることを知り得たのかといった事実関係について争いが生じることが容易に想定されます。

かかる事態を防止する観点からは、仮に実体法上は必要とされないとしても、債権者が情報提供義務の履行に一定程度関与することとし、その履行の過程を記録として残す体制とすることも検討する必要があるものと考えられます。具体的には、主債務者に情報提供義務の意義を説明して情報提供を促し、債権者所定の書式に本条所定の情報を記入させた上で、保証人からはその受領印を取得し、主債務者が保証人に対して提供した情報が明らかに虚偽のものであることがわかった場合には、提供する情報の訂正を促すといった体制を整備することが考えられます。

129

VII 保証債務

○情報提供義務を債権者所定の書式で実施させる場合の情報提供書の書式概要例

---

1 財産および収支の状況
　□別添決算書のとおり　□以下のとおり

| 財産 | 不動産 | ／有価証券 | ／現預金 | ／その他 | ／（　　年　　月末時点） |
| 収入 | | 円／支出 | | 円（　年　月〜　年　月） |

2 主債務以外に負担している債務の有無ならびにその額および履行状況
　□別添決算書のとおり　□以下のとおり

| 借入先 | ／ | 円／□約定通り履行□不履行あり |
| 借入先 | ／ | 円／□約定通り履行□不履行あり |

3 主債務の担保として他に提供し、または提供しようとするもの
　□なし　□あり（内容：　　　　　　　　　　　　　　　　　　　　）

　貴殿に保証の委託を行うにあたり、私（当社）の財産および収支の状況等が、以上のとおりであることを表明し、確約します。
（保証の委託を受ける方）　　　　　　　　　殿
　　　　　　　　　　　　　　　年　　　月　　　日
　　　　　　　　　　　　　　（主たる債務者）　　　　　　　　　印

上記のとおり、貴殿から情報の提供を受けました。
（主たる債務者）　　　　　　　　殿
　　　　　　　　　　　　　　年　　　月　　　日
　　　　　　　　　　　　　（保証の委託を受ける方）　　　　　印

7　経過措置

　改正民法附則21条1項は、「施行日前に締結された保証契約に係る保証債務については、なお従前の例による」と定めています。したがって、契約締結時の情報提供義務が発生するのは、施行日以後に締結する保証契約となります。

実務のポイント

　情報の提供義務は、主債務者および保証人との間で履行されるものであるため、債権者として、主債務者の保証人に対する情報の提供内容をどの程度確認することとすべきかは、悩ましい問題ですが、上記の議論を踏まえた体制整備を進める必要があります。

（大野徹也）

Q22　事業に係る債務と個人保証

　個人事業主に対する運転資金に係る貸付債権のリスケジュールを行う
にあたり、債務者の親から連帯保証を受けることを検討していますが、
どのような点に留意すべきでしょうか。また、アパートローンの場合と
では違いがありますか。

A　　改正民法においては、事業のために負担した貸金等債務（以下
「事業性貸金等債務」といいます）を主債務とする保証契約または
主債務の範囲に事業性貸金等債務が含まれる根保証契約は、その契約の締結
に先立ち、その締結の日前1カ月以内に作成された公正証書で保証人になろ
うとする者が保証債務を履行する意思を表示していなければ、その効力を生
じないものとされました。

　本設問の主債務は、事業性貸金等債務に該当しますので、債務者の親から
連帯保証を受けるためには、連帯保証契約の締結に先立って、公正証書を作
成する必要があります。

　アパートローンの場合は、それが「事業のため」に該当するか否かによっ
て、公正証書の作成の要否が異なります。アパートローンが「事業のため」
に該当するのであれば、やはり公正証書を作成する必要があります。

　保証契約は個人的情義等から無償で行われることが通例である上、保証契
約の際には保証人が現実に履行を求められることになるかどうかが不確定で
あることから、保証人において自己の責任を十分に認識していないまま安易
に契約が結ばれる場合が多くあります。そのため、個人の保証人が必ずしも
想定していなかった多額の保証債務の履行を求められ、生活の破綻に追い込
まれるような事例が後を絶ちません。とくに、主債務が事業性貸金等債務で

131

VII　保証債務

ある場合には債務が多額になりがちであるため、保証人にとって過酷な結果を招き、事業のための借入れにあたっての、とくに経営に関与しない第三者による保証の問題性は広く認識されてきました（部会資料70A・6頁参照。なお、中小企業庁「信用保証協会における第三者保証人徴求の原則禁止について」（平成18年3月31日）、金融庁「主要行等向けの総合的な監督指針」Ⅲ-10-1、「中小・地域金融機関向けの総合的な監督指針」Ⅱ-11-1等参照）。

　そこで改正民法においては、事業性貸金等債務の第三者保証について、保証人に対する保証意思の確認を厳格に実施することとし、事業性貸金等債務を主債務とする保証契約または主債務の範囲に事業性貸金等債務が含まれる根保証契約は、その契約の締結に先立ち、その締結の日前1カ月以内に作成された公正証書で保証人になろうとする者が保証債務を履行する意思を表示していなければ、その効力を生じないものとされました（改正民法465条の6第1項）。

1　対象となる保証契約

　本条の規制の対象となる保証契約は以下のとおりです。

(1)　主債務

　主債務が、事業性貸金等債務であるか、根保証契約で主債務の範囲に事業性貸金等債務が含まれる場合が対象となります。

　「貸金等債務」とは、金銭の貸渡しまたは手形の割引を受けることによって負担する債務をいいます（改正民法465条の3第1項）。また、「事業」とは、「一定の目的をもってされる同種の行為の反復的継続的遂行を意味し、営利という要素は必要ではな」いものとされ、「事業のために負担した（負担する）債務」とは、事業の用に供するために負担した（負担する）債務を意味しているものと解されています（部会資料78A・20頁）。具体的な事案において、「事業のため」に該当するか否か微妙なケースも生じ得るところであり、債権者は慎重かつ適切な判断が求められることとなります。

　なお、事業以外の目的で融資した資金が、主債務者によって事業資金に流用されてしまったとしても、保証契約の有効性は保証契約の成立時点で確定しているため、保証契約の効力に影響を与えるものではありません。

(2) 保証人

本条の規制の対象となるのは、保証人が個人の場合に限られます（改正民法465条の6第3項）。また、いわゆる経営者保証およびこれに準じる場合、本条の規制は適用されません（改正民法465条の9。Q24参照）。

2 公正証書の作成方式

上記1の要件を充足する保証契約を締結する場合、契約の締結に先立ち、公正証書で、保証人になろうとする者が保証債務を履行する意思を表示しなければなりません。改正民法は、公正証書の作成方式として、保証人になろうとする者による、以下に定める事項の公証人に対する口授、公証人による読み聞かせ、保証人になろうとする者による署名・押印、公証人による署名・押印といった手続を定めています（改正民法465条の6第2項）。

なお、保証契約または根保証契約の保証人になろうとする者が、口がきけない者であったり、耳が聞こえない者である場合には、通訳人の通訳による申述または自書によって公正証書を作成することが可能です（改正民法465条の7）。

(1) 根保証契約以外の保証契約の場合の口授事項

・主債務の債権者および債務者、主債務の元本、主債務に関する利息、違約金、損害賠償その他その債務に従たるすべてのものの定めの有無およびその内容。
・主債務者がその債務を履行しないときには、その債務の全額について履行する意思を有していること。

(2) 根保証契約の場合の口授事項

・主債務の債権者および債務者、主債務の範囲、根保証契約における極度額、元本確定期日の定めの有無およびその内容。
・主債務者がその債務を履行しないときには、極度額の限度において元本確定期日または465条の4第1項各号もしくは2項各号に掲げる事由その他の元本を確定すべき事由が生ずる時までに生ずべき主債務の元本および主債務に関する利息、違約金、損害賠償その他その債務に従たるすべてのものの全額について履行する意思を有していること。

VII　保証債務

⑶　連帯保証の場合の口授事項

・上記⑴または⑵に加え、債権者が主債務者に対して催告をしたかどうか、主
債務者がその債務を履行することができるかどうか、または他に保証人があ
るかどうかにかかわらず、その全額について履行する意思を有していること。

○公正証書の記載例（根保証契約以外の連帯保証契約）

　本公証人は、甲（保証人となろうとする者）の嘱託により、下記の趣旨
の口授を筆記し、この証書を作成する。

記

第1条　甲は、主たる債務者が以下の主たる債務を履行しないときには、
　その債務の全額について履行する意思を有している。

　　⑴　主たる債務の債権者　○○○○（以下「債権者」という）

　　⑵　主たる債務の債務者　○○○○（以下「主たる債務者」という）

　　⑶　主たる債務の元本　○円

　　⑷　主たる債務に関する利息、違約金、損害賠償その他その債務に従
　　　たるすべてのものの定めの有無およびその内容　利息：年利
　　　○％、遅延損害金：年利○％

第2条　甲は、債権者が主たる債務者に対して催告をしたかどうか、主た
　る債務者がその債務を履行することができるかどうか、または他に保証
　人があるかどうかにかかわらず、前条の主たる債務の全額について履行
　する意思を有している。

　以上のとおり、甲に読み聞かせたところ、この筆記の正確なことを承認
し、署名押印する。

　甲　○　○　○　○　印

　この証書は、○年○月○日　本公証人役場において、民法第456条の6
第2項所定の方式に従って作成し、同条第3項に基づき、本公証人次に署
名押印する。

東京都○○区○○○○

○○法務局所属

公証人　○　○　○　○　㊞

3　保証契約の締結

　上記2の公正証書の作成後、1カ月以内に保証契約を締結する必要があります。

　公正証書作成後の交渉によって、実際に締結する保証契約の内容が公正証書作成時の内容から変動することも生じ得ますが（主債務の元本額や利率の変更等）、実際に締結する保証契約の内容が、公正証書の内容よりも保証人にとって不利益なものとならない限りは、当該公正証書による意思の表示は有効と解して差し支えないものと考えられます。

4　本条違反の効果

　本条に違反して締結された保証契約は無効となります。

　なお、保証契約の内容が、公正証書の内容を超過するものとなってしまった場合には、公正証書の内容を超過する部分に限って無効となるといった解釈論はあり得るところです。

5　求償権を主債務とする保証契約への準用

　改正民法465条の6は、事業性貸金等債務を主債務とする保証契約または主債務の範囲に事業性貸金等債務が含まれる根保証契約の保証人の主債務者に対する求償権に係る債務を主債務とする保証契約について準用されます。

　また、主債務の範囲にその求償権に係る債務が含まれる根保証契約も、同様です。ただし、保証人となろうとする者が法人である場合には、この規定は適用されません（改正民法465条の8）。

VII　保証債務

6　経過措置

　改正民法附則21条1項は、「施行日前に締結された保証契約に係る保証債務については、なお従前の例による」と定めています。したがって、公正証書の作成が必要となるのは、施行日以後に締結する保証契約となります。

　なお、保証人となろうとする者は、施行日前においても、公正証書の作成を嘱託することができます（改正民法附則21条2項・3項）。

実務のポイント

　アパートローンなども含め、主債務が「事業のために負担した貸金等債務」であるか、慎重な検討を要する事案が数多く発生することが予測されます。「事業のため」であったにもかかわらず、公正証書を作成しなかった場合には、保証契約が無効とされてしまいかねませんので、とくに慎重な検討が必要になります。

　保証契約締結後に主債務の内容が変更される場合において、その変更内容が公正証書に筆記された内容よりも不利益なものとなると、改めて公正証書による保証人の意思の表示が必要になるものと考えられます。そこで、金融機関としては、当初作成する公正証書において、主債務の内容の変更も見据えた上で、一定程度、幅をもった内容としておくことも考えられるところです。

　公証人に対する口授は、保証人になろうとする者が行うこととなりますが、債権者としては、保証人となろうとする者が的確な口授を行うことができるようサポートする必要性が生じ得ます。かかるサポートを行うために必要な体制（説明資料の準備、公証人役場との連携等）についても改めて整備する必要があります。

（大野徹也）

Q23 監督指針、経営者保証ガイドラインとの関係

　貸付債権の保全として保証を受けるにあたり、金融庁の各監督指針や経営者保証ガイドラインを遵守している限り、その効果には問題がないと考えてもよいでしょうか。

A 　改正民法においては、保証契約の成立や効力等に関する規律が新たに定められていますので、保証契約を成立させ、その効力を維持するためには、改正民法を遵守する必要があります。

　改正民法は、保証契約の成立や効力等に関する規律を新たに定めていますので、金融機関が保証契約を成立させ、その効力を維持するためには、改正民法を遵守する必要があります。

　以下では、金融庁の監督指針（以下では、代表として「主要行等向けの総合的な監督指針」（以下「監督指針」といいます）の規定に即して解説することとします）や経営者保証ガイドラインの定めと、改正民法の定めの相違点として、留意すべきポイントを解説します。

1　保証契約締結時の説明等

⑴　監督指針および経営者保証ガイドライン

　監督指針や経営者保証ガイドラインは、金融機関に対し、保証契約につき、以下の事項の説明を行うよう求めています。

①　個人保証契約については、保証債務が実行されることによって自らが責任を負担することを受容する意思を形成するに足る説明（実際に保証債務を履行せざるを得ない事態を想定した説明）（Ⅲ-3-3-1-2(2)①ハ）。

②　連帯保証契約については、補充性や分別の利益がないことなど、通常の

137

VII 保証債務

保証契約とは異なる性質を有することにつき、相手方の知識、経験等に応じた説明（Ⅲ-3-3-1-2(2)①ホ）。

③ 根保証契約については、設定する極度額および元本確定期日について、主債務者との取引状況や今後の取引見通し、保証人の財産の状況を踏まえた契約締結の客観的合理的理由（Ⅲ-3-3-1-2(2)②ハa）。

④ 経営者保証については、「経営者保証に関するガイドライン」に基づき、保証契約の必要性、原則として、保証履行時の履行請求は、一律に保証金額全額に対して行うものではなく、保証履行時の保証人の資産状況等を勘案した上で、履行の範囲が定められること、経営者保証の必要性が解消された場合には、保証契約の変更・解除等の見直しの可能性があることについての主債務者および保証人に対する説明（Ⅲ-3-3-1-2(2)①ニ、経営者保証ガイドライン5(1)）。また、当該経営者等と保証契約を締結する客観的合理的理由の説明（Ⅲ-3-3-1-2(2)②ハc）。

⑤ 経営者以外の第三者との間で個人連帯保証契約を締結する場合、経営に実質的に関与していない場合であっても保証債務を履行せざるを得ない事態に至る可能性があることについての特段の説明（Ⅲ-3-3-1-2(2)①ヘ）。また、「経営者以外の第三者の個人連帯保証を求めないことを原則とする融資慣行を確立」するとの観点に照らし、必要に応じ、「信用保証協会における第三者保証人徴求の原則禁止について」における考え方にも留意しつつ、当該第三者と保証契約を締結する客観的合理的理由（Ⅲ-3-3-1-2(2)②ハb）。

(2) 改正民法

一方で、改正民法は、保証契約につき、以下の事項の説明等を行うよう求めています。

a 主債務者の保証の委託を受ける者に対する契約締結時の情報提供義務

主債務者は、事業のために負担する債務（以下「事業性債務」といいます）を主債務とする保証または主債務の範囲に事業性債務が含まれる根保証の委託をするときは、委託を受ける者（法人を除く）に対し、財産および収支の状況、主債務以外に負担している債務の有無ならびにその額および履行状況、主債務の担保として他に提供し、または提供しようとするものがあると

きは、その旨およびその内容について、情報提供を行う義務を負います（改正民法465条の10。Q21参照）。

b　公正証書の作成

　事業のために負担した貸金等債務（以下「事業性貸金等債務」といいます）を主債務とする保証契約または主債務の範囲に事業性貸金等債務が含まれる根保証契約は、その契約の締結に先立ち、保証契約締結の日前1カ月以内に作成された公正証書で、保証人となろうとする者（経営者等の場合は除きます。改正民法465条の9）が保証債務を履行する意思を表示していなければ、その効力が生じません（改正民法465条の6。Q22参照）。

　公正証書の作成に際しては、保証人となろうとする者が、改正民法465条の9所定の事項について口授をしなければなりません。これらはいずれも保証人となろうとする者が口授すべき内容ではありますが、口授の前提として、債権者の保証人となろうとする者に対する説明が不可欠です。

2　契約締結後の情報提供義務について

⑴　監督指針

　監督指針は、金融機関に対し、第三者保証につき、原則として、契約締結後、保証人の要請があれば、定期的または必要に応じて随時、被保証債務の残高・返済状況について情報を提供することを求めています（Ⅲ-3-3-1-2(2)①ト）。

⑵　改正民法

　一方で、改正民法は、第三者保証であると否とを問わず、保証人が主債務者の委託を受けて保証をした場合において、保証人の請求があったときは、債権者は、保証人に対し、遅滞なく、主債務の元本および主債務に関する利息、違約金、損害賠償その他その債務に従たるすべてのものについての不履行の有無ならびにこれらの残額およびそのうち弁済期が到来しているものの額に関する情報を提供しなければならないものとしました（改正民法458条の2。Q19参照）。

　また、改正民法は、主債務者が期限の利益を有する場合において、その利益を喪失したときは、債権者は、法人ではない保証人に対し、その利益の喪

VII　保証債務

失を知った時から 2 カ月以内に、その旨を通知しなければならないものとしました（改正民法458条の 3 。Q20参照）。

3　その他

その他、経営者保証ガイドラインは、「適切な保証金額の設定」、「既存の保証契約の適切な見直し」、「保証債務の整理」に関する定めを置いていますが、これらについては、改正民法における定めがありません。金融機関は、引き続き、各監督指針および経営者保証ガイドラインに即した対応を行っていく必要があります。

実務のポイント

各監督指針や経営者保証ガイドラインを遵守していたとしても、改正民法の定める義務を怠ると、保証契約が無効になってしまう場合がありますので、改正民法の内容は正確に理解・把握しておく必要があります。

また、改正民法を受けて、各監督指針等が改正される可能性も考えられますので、改正動向をフォローする必要があります。

（大野徹也）

Q24　経営者保証等の範囲

　貸付債権のリスケジュールを行うにあたり、債務者（学校法人）の理事長から連帯保証を受けることを検討していますが、どのような点に留意すべきでしょうか。また、理事長の妻から連帯保証を受けることは問題ないですか。

A　このケースは、主債務者である学校法人の事業のために負担した貸金等債務（以下「事業性貸金等債務」といいます）を個人が保証するものです。

　理事長が連帯保証人となる場合、理事長は主債務者の「理事」に該当しますので、公正証書を作成することなく、保証を受けることが可能です。しかし、理事長の妻が連帯保証人となる場合、理事長の妻が改正民法465条の9所定のいわゆる経営者等に該当しない限り、公正証書を作成する必要があります（主債務者は法人ですので、「理事長の妻である」というだけでは、公正証書の作成は不要とはなりません）。

　また、債権者が金融機関である場合には、金融庁の各監督指針や経営者保証ガイドライン等も遵守する必要があります。

1　経営者保証の適用除外

　Q22で解説したように、事業性貸金等債務についての個人保証は、公正証書を作成しなければ効力が生じないのが原則です（改正民法465条の6）。

　しかし、多くの中小企業（個人事業主を含む）においては、家計と経営が未分離であることや、財務諸表の信頼性が必ずしも十分ではなく、こうした中小企業に対する融資においては、企業の信用補完や経営に対する規律付けの観点から、経営者に対する個人保証の必要性が否定できません。また、保

141

証については、情義に基づいて無償で行われることが多いことや、保証の時点では現実に保証債務の履行を求められることになるかどうかが不明であることから、保証人がその責任を十分に理解しないまま安易に契約をするという問題がありますが、主債務者の経営者が保証人になる場合には、それが情義に基づくものであるとは言えず、また、経営状態についても十分に理解している以上、保証債務の未必性という問題も大きいとは言えません。経営者による保証が、企業の信用補完の手段として現実に多用されていることからすると、その効力を否定すると、企業の円滑な金融を阻害するおそれもあります（部会資料70A・7頁参照）。

そこで、改正民法は、事業に係る債務についての保証契約であっても、保証人となろうとする者が理事、取締役、執行役であるなど、改正民法465条の9所定の一定の人的範囲に属する場合（以下「経営者等」といいます）には、公正証書を作成しなくても、保証契約の効力が生じるものとしました（改正民法465条の9）。

2　適用除外の対象者

公正証書を作成しなくても保証契約の効力が生じるのは、保証人になろうとする者が以下の経営者等に該当する場合です。

先代の経営者や、次世代の後継者であっても、これら経営者等に該当しない場合には、原則どおり、公正証書の作成が必要になります（Q22参照）。

---

① 主債務者が法人である場合のその理事、取締役、執行役またはこれらに準ずる者

② 主債務者が法人である場合の次に掲げる者

イ 主債務者の総株主の議決権（株主総会において決議をすることができる事項の全部につき議決権を行使することができない株式についての議決権を除く。以下この号において同じ）の過半数を有する者

ロ 主債務者の総株主の議決権の過半数を他の株式会社が有する場合における当該他の株式会社の総株主の議決権の過半数を有する者

ハ 主債務者の総株主の議決権の過半数を他の株式会社および当該他の株

式会社の総株主の議決権の過半数を有する者が有する場合における当該
他の株式会社の総株主の議決権の過半数を有する者
ニ　株式会社以外の法人が主債務者である場合におけるイ、ロまたはハに
掲げる者に準ずる者
③　主債務者（法人であるものを除く。以下この号において同じ）と共同
して事業を行う者または主債務者が行う事業に現に従事している主債務
者の配偶者

(1)　**①主債務者が法人である場合のその理事、取締役、執行役またはこれら
に準ずる者**

　事業性貸金等債務を主債務とする保証契約の効力の原則的な禁止は、保証
が情義に基づいて断りきれずに締結されることが多いこと、保証契約を締結
する時点では保証債務の履行を求められるかどうかが確定しておらず、保証
契約を締結するリスクについて合理的な判断が困難であることを根拠とする
ものです。しかし、業務を執行する者や、業務執行の決定に関与することが
できる者による保証は情義に基づくという側面が弱く、また、このような者
は業務の執行やその決定に必要な情報を入手する権限も与えられています。
また、経営者保証には経営の規律付けに寄与するという面がありますが、業
務を執行する者や、業務執行の決定に関与する者についてもその意思決定の
規律付けという趣旨が妥当します（部会資料76A・7頁参照）。そこで、こ
れらの者については、公正証書の作成が不要とされました。

(2)　**②主債務者の総株主の議決権の過半数を有する者等**

　保証人となろうとする者が、次頁の図に該当するような、いわゆる「オー
ナー」である場合、公正証書の作成が不要とされました。また、次頁の図は
株式会社を例としたものですが、株式会社以外の法人が主債務者となる場合
も、次頁の図と同様の議決権を有する場合は、公正証書の作成は不要です。

Ⅶ　保証債務

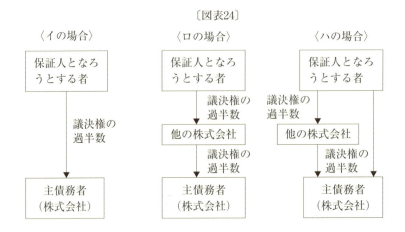

(3) ③主債務者(法人であるものを除く)と共同して事業を行う者

「共同して事業を行う」とは、共同の事業（民法667条）等と同様、いずれの当事者も、業務執行の権限や代表権限、業務執行に対する監督権限など、事業の遂行に関与する権利を有するとともに、その事業につき利害関係を有することが認められる場合をいいます（部会資料78A・20頁参照）。このような共同事業者であれば、定型的に見て、上記(1)に掲げる者と同様に扱うのが相当であると考えられるためです。

なお、主債務者が法人である場合、本号の例外は適用されませんので留意が必要です。

(4) ③主債務者(法人であるものを除く)が行う事業に現に従事している主債務者の配偶者

主債務者が個人事業主である場合、経営と家計が一般に未分離であるため、配偶者を保証人とする必要性が定型的に認められると考えられます。また、配偶者が事業に従事している場合に限定すれば、自らまたは他方の配偶者である事業主を通じて事業の状態を知ることができること、自らが従事する配偶者の事業性貸金等債務に保証をすることは、事業を継続することに主眼があり、情義に基づくという側面が弱いと言えます（部会資料78A・21頁参照）。そこで、保証人になろうとする者が、主債務者が行う事業に現に従事している主債務者の配偶者である場合は、公正証書の作成が不要とされま

した。

ただし、個人保証について公正証書作成要件が課されたのは、個人保証（とりわけ近親者保証）の情義性を考慮したからであることを踏まえ、「主債務者が行う事業に現に従事している主債務者の配偶者」に該当するのは、改正民法465条の9第1号、2号および3号前段に該当する者と実質的に同視されるべき者に限られると解すべきとする見解（潮見144頁）もありますので、「事業に現に従事」の認定は慎重に行う必要があります。

なお、主債務者が法人である場合、3号の例外は適用されません。例えば、本設問のように、法人が主債務者である場合に、理事長の妻がその事業に現に従事していたとしても、その妻自身が本条1号および2号に該当しない場合には、公正証書の作成が必要となります。

3　適用除外の効果

上記2の経営者等が保証人となる場合、改正民法465条の6が適用されなくなりますので、公正証書を作成しなくても、保証契約は有効となります（改正民法465条の9）。

4　経営者保証ガイドラインとの関係

本条の例外によって、公正証書を作成する必要がない場合であっても、経営者保証ガイドラインにいう経営者保証（経営者保証ガイドライン3）に該当する場合には、別途、経営者保証ガイドラインを遵守する必要があります（Q23参照）。

5　経過措置

改正民法附則21条1項は、「施行日前に締結された保証契約に係る保証債務については、なお従前の例による」と定めています。したがって、本設問で解説した個人保証の規制が適用されるのは、施行日以後に締結する保証契約となります。

145

VII　保証債務

実務のポイント

　客観的には経営者等に該当していないにもかかわらず、経営者等に該当すると判断して公正証書の作成を怠ってしまうと、その保証契約は無効となってしまいます。

　債権者の営業現場等において、手続的に煩雑な公正証書の作成を回避するため、安易に経営者等に該当するとの判断がなされてしまうおそれもありますので、経営者等の概念を正確に周知するとともに、慎重な判断を求めていくことが必要です。

（大野徹也）

Q25　事業承継と経営者保証等

　貸付債権の債務者の代表者から連帯保証を受けています。事業承継に伴い、債務者の代表者が交代するにあたり、現在の代表者に代えて新たに代表者になる者から保証を受けたいと考えていますが、留意すべき点がありますか。

A　新たに代表者となる者が、主債務者の取締役、執行役であるなど、改正民法465条の9所定の一定の人的範囲に属する場合（以下「経営者等」といいます）、公正証書を作成することなく、保証を受けることが可能です。しかし、保証契約締結時点で経営者等に該当していない場合、保証人となろうとする者が後に代表者となる予定であったとしても、公正証書を作成する必要があります。

　なお、金融機関は、経営者保証ガイドラインに従い、現在の代表者が負担する保証債務について、新たに代表者になる者に当然に引き継がせるのではなく、保証契約の必要性等について改めて検討するとともに、その結果、保証契約を締結する場合には、適切な保証金額の設定に努めるとともに、保証契約の必要性等について主債務者および新たな代表者に対して丁寧かつ具体的に説明する必要があります。さらに、現在の代表者から保証契約の解除を求められた場合には、現在の代表者が引き続き実質的な経営権・支配権を有しているか否か、当該保証契約以外の手段による既存債権の保全の状況、法人の資産・収益力による借入返済能力等を勘案しつつ、保証契約の解除について適切に判断する必要があります。

1　事業性貸金等債務を主債務とする個人保証の規制の例外

　Q24で解説したように、改正民法は、事業のために負担した貸金等債務（以

VII　保証債務

下「事業性貸金等債務」といいます）についての個人保証であっても、保証人となろうとする者が経営者等に該当する場合には、公正証書を作成しなくても、保証契約の効力が生じるものとしました（改正民法465条の9）。

　しかし、公正証書を作成しなくてもよいのは、あくまで経営者等に該当する者ですので、新たに代表者になる者が、保証契約締結時点で経営者等に該当していない場合は、原則どおり、公正証書の作成が必要となります。

2　経営者保証ガイドライン

　経営者保証ガイドライン、金融庁「主要行等向けの総合的な監督指針」Ⅲ-3-3-1-2(6)①および「中小・地域金融機関向けの総合的な監督指針」Ⅱ-3-2-1-2(6)①は、事業承継時においては、前経営者が負担する保証債務について、後継者に当然に引き継がせるのではなく、必要な情報開示を得た上で、経営者保証ガイドラインに即して、保証契約の必要性等について改めて検討するとともに、その結果、保証契約を締結する場合には、適切な保証金額の設定に努めるとともに、保証契約の必要性等について主債務者および後継者に対して丁寧かつ具体的に説明する必要があるものとしています。

　さらに、対象債権者に該当する金融機関は、前経営者から保証契約の解除を求められた場合には、前経営者が引き続き実質的な経営権・支配権を有しているか否か、当該保証契約以外の手段による既存債権の保全の状況、法人の資産・収益力による借入返済能力等を勘案しつつ、保証契約の解除について適切に判断する必要があるものとしています。

　対象債権者に該当する金融機関は、これら規律も遵守する必要があります。

実務のポイント

　事業承継が行われる際には、従前の経営者保証ガイドラインに加え、改正民法の定めを遵守する必要があります。とくに、改正民法の定めに違反すると、保証契約が無効となるリスクもありますので、手続に瑕疵が生じないよう、対応事項と事務手順の見直しが必要です。

（大野徹也）

Q26　個人根保証契約の保証人

　取引先との継続的な売買契約に基づく売買代金の保全のため、取引先
の代表者個人から根保証を受けようと考えていますが、どのような点に
留意すべきでしょうか。また、この取引先に対する貸付金を含めて保証
を受ける場合はどうでしょうか。

A　改正民法においては、個人根保証契約は、極度額を定めなければ、
　　　その効力を生じないものとされました（改正民法465条の２第２
項）。取引先との継続的な売買契約に基づく売買代金の保全のため、取引先
の代表者個人から根保証を受ける契約は個人根保証契約に該当しますので、
極度額を定める必要があります。

　また、取引先に対する貸付金を含めて保証を受ける場合は、個人貸金等根
保証契約に該当しますので、個人貸金等根保証契約の締結の日から５年以内
の日を元本確定期日として定める必要があります（定めを置かない場合、３
年後が元本確定期日となります）。

1　個人根保証契約の規制の強化

　改正前民法においては、平成16年法改正により、保証人が自然人であり、
主債務の範囲に金銭の貸渡しまたは手形の割引を受けることによって負担す
る債務（貸金等債務）が含まれる根保証（個人貸金等根保証契約）について、
極度額の定めがなければ契約の効力が生じないなどの規制が置かれていまし
た（改正前民法465条の２）。

　改正民法は、主債務の範囲を貸金等債務以外の債務に拡張し、改正前民法
における貸金等債務である根保証に係る規制の一部を、貸金等債務以外の債
務を主債務とする個人根保証契約に拡張しました。

149

VII 保証債務

2 極度額

根保証契約とは、一定の範囲に属する不特定の債務を主債務とする保証契約をいい、個人根保証契約とは、その保証人が法人でないものをいいます。個人根保証契約の保証人は、主債務の元本、主債務に関する利息、違約金、損害賠償その他その債務に従たるすべてのものおよびその保証債務について約定された違約金または損害賠償の額について、その全部に係る極度額を限度として、その履行をする責任を負います（改正民法465条の2第1項）。

そして、個人根保証契約は、極度額を定めなければ、その効力を生じません（改正民法465条の2第2項）。改正前民法においては、個人貸金等根保証契約に限って、このような規制が置かれていましたが、改正民法によって、その適用対象が個人根保証契約全般に拡張されました。規制の内容自体は個人貸金等根保証契約に関するものから変更はありません。

なお、民法446条2項・3項が、個人根保証契約における極度額の定めに準用されますので、極度額は、書面または電磁的記録にて定める必要があります（改正民法465条の2第3項）。

3 元本確定期日

改正前民法は、改正前民法465条の3において、個人貸金等根保証契約に係る元本確定期日について、以下の定めを置いていましたが、改正民法はこの規律をそのまま維持しました（改正民法465条の3）。個人貸金等根保証契約以外の個人根保証契約については、これらの規制は適用されません。

① 個人貸金等根保証契約において、主債務の元本の確定すべき期日（以下「元本確定期日」といいます）の定めがある場合において、その元本確定期日がその個人貸金等根保証契約の締結の日から5年を経過する日より後の日と定められているときは、その元本確定期日の定めは、その効力を生じません（改正民法465条の3第1項）。

② 個人貸金等根保証契約において、元本確定期日の定めがない場合には、その元本確定期日は、その個人貸金等根保証契約の締結の日から3年を経過する日となります（改正民法465条の3第2項）。

③ 個人貸金等根保証契約における元本確定期日の変更をする場合におい

150

て、変更後の元本確定期日がその変更をした日から5年を経過する日より後の日となるときは、その元本確定期日の変更は、その効力を生じません。ただし、元本確定期日の前2カ月以内に元本確定期日の変更をする場合において、変更後の元本確定期日が変更前の元本確定期日から5年以内の日となるときは、この限りではありません（改正民法465条の3第3項）。

④　民法446条2項・3項の規定（保証契約の要式性）は、個人貸金等根保証契約における元本確定期日の定めおよびその変更（その個人貸金等根保証契約の締結の日から3年以内の日を元本確定期日とする旨の定めおよび元本確定期日より前の日を変更後の元本確定期日とする変更を除く）について準用されます（改正民法465条の3第4項）。

4　元本の確定事由

(1)　個人根保証契約の元本確定事由

　個人根保証契約における主債務の元本は、以下の場合に確定します（改正民法465条の4第1項）。これらの事由は、改正前民法において個人貸金等根保証契約の元本確定事由とされていましたが（改正前民法465条の4）、これが個人根保証契約全般に拡張されたものです。

①　債権者が、保証人の財産について、金銭の支払を目的とする債権についての強制執行または担保権の実行を申し立てたとき。ただし、強制執行または担保権の実行の手続の開始があったときに限る。

②　保証人が破産手続開始の決定を受けたとき。

③　主債務者または保証人が死亡したとき。

(2)　個人貸金等根保証契約の元本確定事由

　個人貸金等根保証契約における主債務の元本は、上記(1)のほか、以下の場合にも確定します（改正民法465条の4第2項）。

①　債権者が、主債務者の財産について、金銭の支払を目的とする債権についての強制執行または担保権の実行を申し立てたとき。ただし、強制執行または担保権の実行の手続の開始があったときに限る。

②　主債務者が破産手続開始の決定を受けたとき。

　これら事由が、個人貸金等根保証契約以外の個人根保証契約における元本

VII　保証債務

確定事由とされなかったのは以下の理由によります。すなわち、貸金等債務を主債務の範囲に含まない個人根保証契約として、賃貸借契約に基づく賃借人の債務を主債務とする個人根保証契約がありますが、主債務者（賃借人）が破産手続開始の決定を受けたとしても、債権者（賃貸人）は、そのことを理由として賃貸借契約を解除することはできず、賃貸借契約が当然に終了することもありません。このため、主債務者（賃借人）が破産手続開始の決定を受けた後であっても、債権者（賃貸人）は、主債務者（賃借人）に対し、その目的物を賃貸し続けなければならず、それによって主債務も新たに生じます。そうすると、主債務者が破産手続開始の決定を受けたときを元本確定事由とすれば、保証人がいることを見込んで賃貸借契約を締結した債権者（賃貸人）に保証人がないまま賃貸借の継続を強いることとなります。そこで、改正前民法465条の４が定める元本確定事由のうち、主債務者が破産手続開始の決定を受けたときについては、これを個人根保証契約一般における元本確定事由とはされませんでした（部会資料83-2・19頁参照）。

5　経過措置

　改正民法附則21条１項は、「施行日前に締結された保証契約に係る保証債務については、なお従前の例による」と定めています。

実務のポイント

　改正民法は、従前、個人貸金等根保証契約についてのみ適用してきた規制の一部を、それ以外の個人根保証契約全般に拡大しました。そのため、極度額の書面または電磁的記録による規定、元本確定事由の適用といったルールが、貸金等根保証契約以外の個人根保証契約（リース取引、不動産取引等に係る個人根保証契約等）についても適用されることとなりますので、個人貸金等根保証契約以外の個人根保証契約が、改正民法の規律に即したものとなっているか、確認が必要です。

（大野徹也）

VIII

債権譲渡

Q27　譲渡制限特約のある債権の回収

　債権譲渡を禁止することが合意されている請負報酬債権の債権譲渡を受け、対抗要件を具備しました。債務者から譲渡を禁止する旨の特約があることを理由に弁済を拒まれた場合、債権回収のため取り得る手段はありますか。
　この請負報酬債権が、請負報酬債権の債権譲渡を受けた者から、さらに債権譲渡を受けて転得したものであった場合にはどうでしょうか。
　また、譲り受けたのが預貯金債権の場合はどうでしょうか。

　譲受人が、譲渡制限特約の存在について善意・無重過失の場合、譲受人は債務者に対して直接弁済を求めることが可能です。
　他方、譲受人が、譲渡制限特約の存在について悪意・重過失の場合、譲受人は債務者に対して譲渡人に支払を行うよう相当期間を定めて催告し、債務者が譲渡人に弁済した場合には、譲渡人に対して弁済金相当額の引渡しを求めることになります。また、催告にもかかわらず相当期間内に弁済がない場合は、譲受人が直接、債務者に弁済を求めることが可能です。
　譲受人からの転得者の場合については、少なくとも転得者自身が善意・無重過失であれば、転得者は債務者に対して直接弁済を求めることが可能と思われます。これに対して、直接の譲受人が善意・無重過失で、転得者が悪意・重過失である場合については、直接弁済を求めることができるという考え方と、悪意・重過失の譲受人と同様の立場に置かれるという考え方の両説が成り立ち得るものと思われます。
　また、以上は、譲り受けたのが請負報酬債権の場合ですが、預貯金債権の場合には改正前と同様の規律が妥当し、譲受人は、悪意・重過失の場合、金融機関に対して預貯金債権の支払を請求することはできません。

1 物権的効力から債権的効力へ

改正前民法では、債権者と債務者の間で債権の譲渡を禁止する特約を結んだ場合、その特約に違反した債権譲渡は、原則として絶対的に無効であると考えられており（改正前民法466条2項本文、大判大4.4.1民録21輯422頁等。物権的効力）、例外的に、特約について重過失なく知らなかった譲受人との関係で有効と取り扱われるにすぎませんでした（改正前民法466条2項ただし書、最一小判昭48.7.19民集27巻7号823頁）。これは、債権が過酷な取立をする者（高利貸し等）に譲渡されることを防止し、債務者を保護するために設けられたルールでした。

○譲渡制限特約の文言例

> 甲および乙は、あらかじめ書面による相手方の承諾を得ない限り、本契約に基づく権利および義務ならびに本契約上の地位を第三者に譲渡してはならない。

しかし、このような旧ルールに対しては、中小企業が売掛債権や在庫動産を担保に資金調達を行う、いわゆる ABL（Asset Based Lending）の妨げになるなどの批判が寄せられていたところでした。そこで、改正民法は従来の規律を改め、債権に付された譲渡制限の意思表示（いわゆる譲渡制限特約）は、譲渡制限特約の当事者間で効力を有するにとどまり、特約に反する債権譲渡も有効としました（改正民法466条2項。債権的効力）。

もっとも、債権譲渡を制約することには、債務者にとって、弁済先固定の利益（弁済先変更に伴う事務負担や過誤払いの危険の回避、相殺の利益の保護等）があることにも配慮し、債権譲渡後であっても、債務者は、特約の存在について悪意・重過失の譲受人に対しては債務の履行を拒絶でき、また、債務者は、譲渡人に対して弁済や相殺を行い、その効力を悪意・重過失の譲受人に主張できるとしました（改正民法466条3項）。譲渡制限特約について

の善意・悪意・重過失の有無の判断基準時は、明文の記載はないものの、債権譲渡契約の締結時と考えられています。

なお、以上のとおり、譲渡制限特約違反の債権譲渡は有効となりましたが、債務者と譲渡人の関係では、譲渡制限特約に違反して債権を譲渡している点で、譲渡人に債務不履行が生じていることに変わりはありません。もっとも、このような債務不履行を理由として譲渡の対象となった債権を発生させた契約について債務不履行解除が可能となるなどの重大な効果が生じるとすれば、改正の意味が半減することとなりかねません。したがって、解釈論としては、債務不履行の効果は制約されるべきと考えられます（本論点については、Q31もご参照下さい）。この点については実務、裁判例の蓄積が待たれるところです。

2 譲受人が悪意・重過失の場合の具体的な帰結

債務者は、悪意・重過失の譲受人に対して、履行を拒絶「できる」にすぎませんので、悪意・重過失の譲受人は、債務者が譲受人に任意に弁済を行う場合にはその弁済を受領することができます。しかし、債務者が任意の弁済を拒絶する場合、後記3の場合を除き、債務者に対して、直接、譲受人自身への履行を請求することはできません。

これに対して、改正民法466条3項が「譲渡人に対する弁済」をもって債務者が悪意・重過失の譲受人に対抗できるとしていることの裏返しとして、譲受人が悪意・重過失の場合、譲渡人は、債務者が任意に弁済を行う場合にはその弁済を受領することができると解されます。しかし、譲渡人は、既に債権を譲渡してしまった以上、債務者に対して積極的に譲渡人自身への履行を請求することはできません。債務者は、譲受人に対して履行を拒むことができますし、拒んだとしても履行遅滞に陥ることもありません（ただし、債務者が、譲渡人に対して、「譲受人に対して支払うから、あなた（譲渡人）には支払わない」と発言して履行を拒絶した場合など、履行を拒絶する際の態様によっては譲渡制限特約の存在を理由とする履行拒絶権を放棄したと認めることが可能な場合もあり得ます）。

債務者が譲渡人に任意に弁済を行った場合、譲受人は、譲渡人に対して弁

VIII 債権譲渡

済金相当額の引渡しを求めることができます。

3　悪意・重過失の譲受人による債務者に対する催告権

　以上の新ルールのもとでは、譲渡人に対しても、譲受人に対しても、いつまでも債務の履行がなされない状態（デッドロック状態）が続くことになりかねません。そこで、改正民法では、譲受人が、債務者に対して譲渡人への履行を相当期間を定めて催告してもその期間内に履行がない場合は、譲受人が債務者に対して直接、譲受人自身に対する履行を請求することができるとされました（改正民法466条4項）。

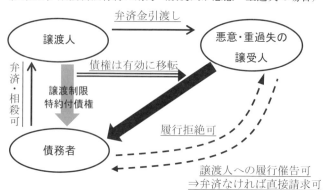

〔図表27〕譲渡制限特約の効力（譲受人が悪意・重過失の場合）

4　譲渡人に破産手続開始決定があった場合の譲受人の供託請求権

　改正民法では、譲渡人に破産手続開始の決定があった場合、譲渡制限特約付金銭債権の全額を譲り受けかつ第三者対抗要件（破産手続開始決定前に備える必要があります）を備えた譲受人は、善意の場合はもちろん、悪意・重過失であっても、債務者に対して債権全額の供託を求めることができるとされました（改正民法466条の3）。

　なお、民事再生手続や会社更生手続の場合には、この供託請求権は認められません。以上の点も含めて、譲渡人の倒産時の債権譲渡の取扱いについてはQ44をご参照下さい。

5　直接の譲受人からの転得者の場合

　条文上は必ずしも明確でないものの、債権者からの直接の譲受人が悪意・重過失であっても、転得者自身が善意・無重過失であれば、債務者は、この転得者に対して、譲渡制限特約の存在を対抗することはできないものと思われます（改正前の判例ですが、大判昭13.5.14民集17巻932頁は、譲渡禁止特約の存在を知りながら債権を譲り受けた者からさらにその債権を譲り受けた善意の転得者に対して、債務者は譲渡禁止特約の存在を対抗できないものとしました）。

　これに対して、直接の譲受人が善意・無重過失で、転得者が悪意・重過失である場合については、改正民法は特段の手当てを行いませんでした。そのため、改正後も改正前と同様に、直接の譲受人保護の観点から債務者はもはや転得者に対しても譲渡制限特約の存在を対抗することはできないという考え方（絶対的構成）と、転得者ごとに悪意・重過失の有無により判断すべきであり、悪意・重過失の転得者に対しては譲渡制限特約の存在を対抗できる（つまり、悪意・重過失の譲受人と同様の立場に置かれる）という考え方（相対的構成）の両説が成り立ち得、従来の議論の状況を引き継ぐものと思われます。

6　預金債権の特則

　上記1のとおり、改正民法は従来の規律を改め、譲渡制限特約に反する債権譲渡も有効としましたが（改正民法466条2項）、預貯金債権については例外規定が設けられ、改正前民法同様、譲受人が譲渡禁止特約を知りまたは重過失により知らなかった場合、当該譲受人との関係で譲渡は無効になるとされました（改正民法466条の5第1項）。預貯金債権の債務者である金融機関は、多くの顧客に対して迅速に払戻しを行う必要があるため、改正民法の規律を妥当させると円滑な払戻業務に支障を来すと考えられたことから、このような例外的な取扱いが行われたものと考えられます。

7　経過措置

　債権譲渡に関する改正については、「施行日前に債権の譲渡の原因である

VIII　債権譲渡

法律行為がされた場合におけるその債権の譲渡については、新法第466条から第469条までの規定にかかわらず、なお従前の例による」との経過措置が設けられています（改正民法附則22条）。債権譲渡契約時が基準となるのであり、譲渡の対象となる債権の発生時や、譲渡制限の意思表示の時を基準にするのではない点に留意が必要です。

実務のポイント

　改正民法の施行により、預貯金債権以外の債権については、譲受人の善意・悪意によらず、譲渡制限特約があっても有効に譲渡することが可能となります。この新ルールは、債権譲渡（担保）による中小企業の資金調達の促進を目的とするものですが、新ルールのもとでも、譲渡制限特約が定められた債権を譲渡する場合には、譲渡人に契約上の債務不履行リスクが生じることに変わりはなく、実際に新ルールがこうした資金調達を促進するものとなるかについては未知数な面もあります。この点は今後の実務の進展が注目されるところです。

　なお、預貯金債権については、改正前民法と原則として同じ取扱いがされることから、従前の実務に大きな影響はないものと考えられます。

（矢田　悠）

Q28 譲渡制限特約付債権への強制執行、担保実行

　債務者が第三債務者に対して有する売掛金債権について債権譲渡を制限することが合意されている場合、この債権に対して強制執行できますか。

　また、債権譲渡を制限することが合意されている売掛金債権に質権や譲渡担保権といった担保権を設定した場合、担保権の実行として差し押さえることができますか。

　この売掛金債権が、債権者が債務者に対して動産を売却し、さらに債務者が第三債務者にその動産を転売したことによって発生した転売代金に関するものであり、債権者の債務者に対する動産売買先取特権に基づく物上代位の対象となる場合はどうでしょうか。

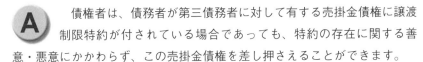
　債権者は、債務者が第三債務者に対して有する売掛金債権に譲渡制限特約が付されている場合であっても、特約の存在に関する善意・悪意にかかわらず、この売掛金債権を差し押さえることができます。

　これに対して、債権譲渡制限特約付債権に質権や譲渡担保権といった担保権を設定した場合、担保権設定時における担保権者の主観（譲渡制限特約についての悪意・重過失の有無）によってその有効性が決せられることになるものと思われます。

　先取特権に基づく物上代位としての差押えについては、一般債権者による差押えの場合と同視して譲渡制限特約の存在に関する善意・悪意にかかわらず、この売掛金債権を差し押さえることができるとする考え方が示されています。

VIII　債権譲渡

〔図表28-1〕譲渡制限特約付債権への強制執行

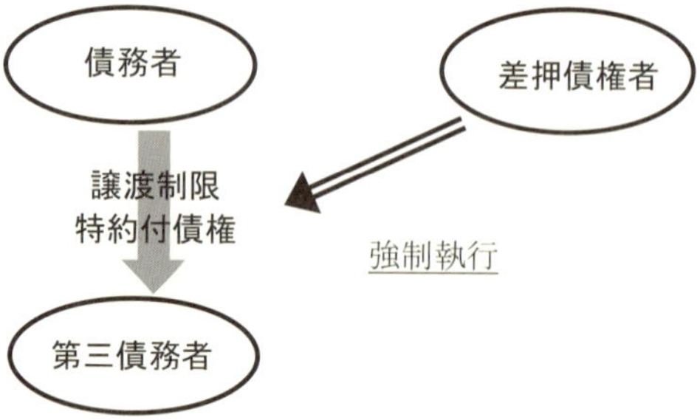

1　原則、強制執行可能（譲渡制限特約付債権の差押えに関する従前の規律の維持）

　改正前民法では、譲渡禁止特約に違反した債権譲渡は、原則として絶対的に無効である（物権的効力）と解されていましたが（改正前民法466条2項本文、大判大4.4.1民録21輯422頁等）、差押えについては、私人間の合意により差押禁止財産を作出することは認めるべきでないとの理由から、判例・通説は、強制執行をした債権者は譲渡禁止特約付債権についても差押命令および転付命令を取得することができるとしていました（最二小判昭45.4.10民集24巻4号240頁）。

　判例・通説が差押えを有効とした理由は改正民法のもとでも同様に妥当するものであり、改正民法466条の4第1項は、上記判例・通説を実質的に維持する趣旨で、譲渡制限特約付債権について強制執行がされたときは、債務者は、その「債権に対する強制執行をした差押債権者」に対して譲渡制限特約を対抗できないとしました。なお、差押債権者に対して譲渡制限特約を対抗できないという点は、従来、預貯金債権についても同様に解されており、改正民法でもこの規律は維持されています（改正民法466条の5第2項）。

2　悪意・重過失の譲受人の債権者による強制執行についての例外

　改正民法466条2項が、譲渡制限特約に反する債権譲渡も有効としたことに伴い、譲渡制限特約につき悪意・重過失の譲受人に債権が譲渡された場合

162

において、この譲受人の債権者が譲渡の対象となった債権に強制執行をする場面が生じることとなりました。

この場合、差押債権者に、譲受人が有する権利以上の権利を認めるべきではないことから、第三債務者は、差押債権者に対しても譲渡制限特約を対抗することができるとされました（改正民法466条の4第2項）。

3 譲渡制限特約付債権に対して担保権の実行としての差押えを行う場合

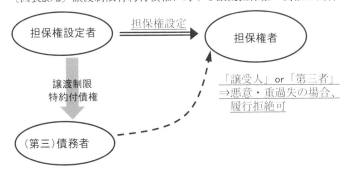

〔図表28-2〕譲渡制限特約付債権に対する譲渡担保権・質権の実行

上記1で見たように、条文上、譲渡制限特約を対抗できない債権者は、「債権に対する強制執行をした差押債権者」（改正民法466条の4第1項、466条の5第2項）と規定されており、単に「差押債権者」一般とはされていません。これは、前記判例が一般債権者による強制執行に関するものであり、担保権の実行によって差押えがされた場合には妥当しないものであるという一般的な理解を明確化する趣旨と言われています。

したがって、担保権の実行として差押えをした場合については、上記改正民法の規律は及ばず、現在も解釈に委ねられています。

まず、担保権が債権譲渡担保の場合、真正な譲渡と同様に考えればよく、譲渡担保権設定時に譲渡担保権者が譲渡制限特約について悪意・重過失であった場合、第三債務者は、担保権の実行（譲渡担保権の実行通知の送付）に対して、履行拒絶や担保権設定者に対する弁済その他の債務を消滅させる

VIII 債権譲渡

事由をもって対抗することができるものと考えられます（改正民法466条3項）。

次に、質権の場合についても債権譲渡（担保）の場合と同様に考えられます。改正民法466条3項は譲渡制限特約が及ぶ相手方を「譲受人その他の第三者」と規定しており、質権者はこの「第三者」に含まれると考えられるためです。

以上に対して、担保権が動産売買先取特権であり、この先取特権に基づく物上代位（民法304条1項）として転売代金を差し押さえる場合については、一般債権者が差し押さえた場合と大差がないことから、立案過程において、一般債権者による差押えの場合と同視して特約の存在に関する善意・悪意にかかわらず、この売掛金債権を差し押さえることができるとする考え方が示されています（部会第96回会議議事録25頁〔沖野眞已幹事発言〕、同26頁〔松尾博憲関係官発言〕参照）。

実務のポイント

　本項目は、実質的には、改正前の規律を維持するものですので、実務上の影響は大きくないものと考えられます。

（矢田　悠）

Q29 譲渡制限特約付債権の債権譲渡と対抗関係

　譲渡制限特約付債権が、特約について悪意・重過失の第三者に譲渡された後、さらに別の第三者にも二重に譲渡されました。この場合、最初の譲渡と2回目の譲渡のどちらが優先することになりますか。

　債権譲渡相互ではなく債権譲渡と差押えが競合した場合はどうでしょうか。

A　改正民法は、譲渡制限特約付債権の悪意・重過失の譲受人に対する譲渡も有効としたため、債権譲渡相互の優先劣後関係や、債権譲渡と差押えの優先劣後関係は、基本的に第三者対抗要件具備の時期によって決まることになります。

1　債権譲渡と債務者・第三者対抗要件

⑴　債務者対抗要件（権利行使要件）

　債権譲渡は、債権者と譲受人の間の合意により行われます。したがって、債務者はこの合意の当事者ではありません。しかし、自らの知らないところで債権が譲渡された結果、譲受人から一方的に弁済を強いられるとすれば、債務者は二重弁済の危険にさらされることになりますので、民法は、譲受人が債務者に対して権利を主張するためには、債権者から債務者に対して債権譲渡があった旨を通知するか、または、債務者が債権譲渡の事実について承諾するという手続（債務者対抗要件、または、権利行使要件といいます）が必要であるとしています（民法467条1項）。

⑵　第三者対抗要件

　さらに、債権が二重に譲渡された場合や、譲渡された債権が譲渡人の債権者に差し押さえられた場合など、債権の譲受けの事実を、債務者以外の第三

165

者に主張しなければならない場面もあります。民法は、譲受人が債務者以外の第三者に対して権利を対抗するためには、前述の通知または承諾を「確定日付のある証書」によって行うという手続（第三者対抗要件といいます）が必要であるとし（民法467条2項）、第三者対抗要件を備えた時期の先後によって、譲受人相互間や譲受けと差押えの優先劣後を決することとしています（最一小判昭49.3.7民集28巻2号174頁）。確定日付を付す方法として、通知の場合は内容証明郵便が、また、承諾の場合には公証役場での確定日付印の付与がよく利用されます（民法施行法5条1項6号・2号）。

　なお、以上に述べた民法上の第三者対抗要件は、債務者への通知・承諾という債務者の関与を必須とするものですが、平成10年に施行された債権譲渡の対抗要件に関する民法の特例等に関する法律（現在は、動産及び債権の譲渡の対抗要件に関する民法の特例等に関する法律）では、債務者への通知・承諾に代えて法務局での登記により第三者対抗要件を具備することも可能とされており、資金調達や担保目的での債権譲渡を中心に広く利用されるようになっています。

〔図表29-1〕譲渡制限特約付債権の二重譲渡等の場面

2　譲渡制限特約付債権の譲渡が有効になったことに伴う対抗関係への影響

　改正民法は、従来の規律を改め、債権に付された譲渡制限の意思表示（い

わゆる譲渡制限特約）は、譲渡制限特約の当事者間で効力を有するにとどまり、特約に反する債権譲渡も有効としました（改正民法466条2項。債権的効力）。もっとも、債権譲渡を制約することには、債務者にとって、弁済先固定の利益（弁済先変更に伴う事務負担や過誤払いの危険の回避、相殺の利益の保護等）があることにも配慮し、債権譲渡後であっても、債務者は、特約の存在について悪意・重過失の譲受人に対しては、債務の履行を拒絶でき、また、債務者は、譲渡人に対して弁済や相殺を行い、その効力を悪意・重過失の譲受人に対抗できるとされています（改正民法466条3項）。

　従来は、譲受人が特約につき悪意・重過失であれば、そもそも債権譲渡は絶対的に無効となり、対抗関係が生じなかったような場面でも、改正民法の新ルールによれば対抗関係が生じることになるため、この点についての整理が重要となります。

3　改正民法下での具体的な対抗関係の帰結

　改正民法のもとで、譲渡制限特約付債権を二重に譲渡した場合、債権譲渡と譲渡人の債権者による差押えが競合した場合、債権譲渡後に譲渡人が破産した場合（破産は包括的差押えと言われ、基本的に差押えと同様のルールが妥当します）それぞれについての対抗関係に関する帰結は、部会資料74A・6頁にまとめられています。以下の枠囲みでは、同資料の内容を、「権利行使要件」との用語が用いられているのを「債務者対抗要件」と言い換え、また、「悪意」とあるのを、「悪意・重過失」と置き換えた上で掲載しています。なお、設例は、いずれも、Aを債権者、Bを債務者とする甲債権について譲渡制限特約が付されている事例で、この甲債権について譲受人Cが現れた後、第二譲渡や差押え等がされるというものです。

　ア　設例1

　　Aが譲渡制限特約について悪意・重過失のCに対して甲債権を譲渡し、Cが第三者対抗要件及び債務者対抗要件を具備した後、Aが譲渡制限特約について悪意・重過失のDに対して甲債権を譲渡し、Dが第三者対抗要件及び債務者対抗要件を具備した場合

VIII 債権譲渡

① BはAに対して履行することができる。

② BはCに対して、譲渡を承諾した上で、履行することができる。

③ BはDに対して、譲渡を承諾したとしても、履行することはできない。

④ AがBに対して訴訟で履行を請求しても、請求は認容されない。

イ 設例2

　Aが譲渡制限特約について悪意・重過失のCに対して甲債権を譲渡し、Cが第三者対抗要件及び債務者対抗要件を具備した後、Aが譲渡制限特約について善意無重過失のDに対して甲債権を譲渡し、Dが第三者対抗要件及び債務者対抗要件を具備した場合

① BはAに対して履行することができる。

② BはCに対して、譲渡を承諾した上で、履行することができる。

③ BはDに対して、譲渡を承諾したとしても、履行することはできない。

④ AがBに対して訴訟で履行を請求しても、請求は認容されない。

ウ 設例3

　Aが譲渡制限特約について悪意・重過失のCに対して甲債権を譲渡し、Cが第三者対抗要件及び債務者対抗要件を具備した後、Aの一般債権者であるDが甲債権を差し押さえた場合

① BはAに対して履行することができる。

② BはCに対して、譲渡を承諾した上で、履行することができる。

③ BはDに対して履行することはできない。

④ AがBに対して訴訟で履行を請求しても、請求は認容されない。

エ 設例4

　Aが譲渡制限特約について悪意・重過失のCに対して甲債権を譲渡し、Cが第三者対抗要件及び債務者対抗要件を具備した後、Aについて破産手続開始の決定があった場合

① BはAの破産管財人に対して履行することができる。

168

②　BはCに対して、譲渡を承諾した上で、履行することができる。

③　Aの破産管財人がBに対して訴訟で履行を請求しても、請求は認容されれない。

なお、Aの破産管財人に対して履行をした場合には、CはAに対する財団債権を取得することになる（破産法第148条第1項第5号）。

　以上の設例およびその帰結を理解するにあたっては、以下のルールを念頭に置くと理解がしやすいものと思われます。

ルール1：第一譲受人と二重譲渡の第二譲受人や差押債権者との間では、第三者対抗要件具備の先後により、真の権利者（債権の帰属先）が確定し、真の権利者以外の者は債務者に対して履行を請求できない（上記1参照）。

ルール2：真の権利者が債権の譲受人である場合、その者と債務者との間では、譲受人の悪意・重過失の有無により債務者に対して履行を請求できるかが決まることとなり、譲受人が悪意・重過失の場合、債務者は、譲受人に対して履行を拒絶することも、譲渡を承諾した上で履行することもできる（Q27参照）。

ルール3：真の権利者が債権の譲受人であり、かつ、悪意・重過失の場合、債権譲渡自体は有効であり、譲渡人は、債務者に対して履行を請求できないが、債務者は譲渡人に対して任意に履行することができる（Q27参照）。

　設例1〜3それぞれの③でBがDに対して履行できないのは、ルール1の帰結です。すなわち、CとDの間では、Cが先に第三者対抗要件を具備しているため、Cが真の権利者となります。改正前民法のもとでは、これらの場合は、いずれも先行するCへの債権譲渡はCの悪意・重過失により絶対的に無効であったことから異なる結論が導かれていたところでした。なお、設例4のAの破産管財人も差押債権者と同様の地位にあるため、BはAの破産管財人に対しても履行できないように思われますが、破産管財人は譲渡人の立

VIII　債権譲渡

場も有しているため、後述のとおりルール3によりBはAの破産管財人に対して履行することができます。

設例1～4それぞれの②でBがCに対して譲渡を承諾した上で履行できるのは、ルール2の帰結です。

設例1～3それぞれの④でAが、また、設例4の③でAの破産管財人が、Bに対して訴訟で履行を請求しても請求が認容されない一方、設例1～4それぞれの①でBがA（Aの破産管財人）に対して履行できるのは、ルール3の帰結です。

3　経過措置

債権譲渡に関する改正については、「施行日前に債権の譲渡の原因である法律行為がされた場合におけるその債権の譲渡については、新法第466条から第469条までの規定にかかわらず、なお従前の例による」との経過措置が設けられています（改正民法附則22条）。債権譲渡契約時が基準となるのであり、譲渡の対象となる債権の発生時や、譲渡制限の意思表示の時を基準にするのではない点に留意が必要です。

この結果、例えば、施行日前に、譲渡制限特約付債権を譲り受けたAと、施行日後に同じ債権を譲り受けたBとの間での債権の帰属に関する優先劣後は以下のように整理されます。A、Bの双方が悪意・重過失の場合、施行日前に譲り受けたAへの債権譲渡は無効であるため、対抗要件具備の先後を問題とするまでもなく、Bに債権が帰属することになります。

〔図表29-2〕経過措置をまたいだ二重譲渡の場合の優先劣後関係

		B（施行日後に譲受け）	
		善意・無重過失	悪意・重過失
A（施行日前に譲受け）	善意・無重過失	第三者対抗要件具備の先後	第三者対抗要件具備の先後
	悪意・重過失	対抗関係には立たずBが優先※	対抗関係には立たずBが優先※

※ただし、AがBへの譲渡（善意・無重過失）またはBの第三者対抗要件具備（悪意・重過失）の前に、債務者から譲渡の承諾を得ている場合には、Aが譲渡契約締結時に悪意・重過失であっても対抗関係の問題となり、Aに債権が帰属する。

実務のポイント

　改正民法の施行により、譲渡制限特約付債権について、対抗関係が問題となる場面が増加することになります。譲渡制限特約付債権を譲り受けるにあたっては、従来以上に慎重に、先行する債権譲渡の有無について確認することが必要となります。

（矢田　悠）

VIII 債権譲渡

Q30 債務者の供託権

　ある会社から取引先（債務者）に対して有する売掛金債権の譲渡を受けました。そこで、その取引先（債務者）に対して、売掛金債権を弁済するよう通知したところ、取引先（債務者）からは、当社に直接弁済はせず、供託をしたいとの申入れがありました。民法改正によって、譲渡制限特約の有無に関係なく、当社が債権者であることは疑いがないように思いますが、それでも、取引先（債務者）は供託を行うことが可能なのでしょうか。

　また、仮に供託ができるとして、実は、本来の弁済期をしばらく過ぎてしまっているため、遅延損害金が発生している状況なのですが、取引先（債務者）は、支払が遅れたのは急に債権譲渡の通知が届き、対応に混乱が生じたせいであるため、供託は元金部分のみとし、遅延損害金を含めないと主張していますが、そのような供託は可能なのでしょうか。

A　売掛金債権に譲渡制限特約が付されていない場合、債務者は、過失なく債権者を確知することができないときは供託をすることが可能です。例えば、債権譲渡の当事者間で争いが生じ、債務者が真の権利者（債権の帰属先）を確知できない場合や、1つの債権が二重に譲渡され、対抗要件である債権譲渡通知の到達時の先後が不明の場合がこれに当たり得ます。

　売掛金債権に譲渡制限特約が付されている場合、債務者は、過失の有無にかかわらず、債権の全額に相当する金銭を供託することが可能です。この場合、譲受人は、債権を回収するためには供託金の還付の方法によることになります。

　ただし、以上のいずれの原因に基づく供託についても、供託額が本来の債権額に不足する場合、それがごくわずかな金額であるなどの特別の事情がない限り、供託は有効とは言えません。

172

1 供託の可否

⑴ 債権者の確知不能を原因とする弁済供託

　債権者が弁済の受領を拒んだ場合やそもそも受領することができない場合、また、債務者から見て債権者が誰であるかがわからない場合（確知不能な場合）など、債務者が弁済を行おうとしても実行できない場合があります。この場合、債務者は、いつまでも債務を消滅させることができず、不安定な地位に置かれることになります。

　そこで、民法は、改正前から、こうした場合に債務者が弁済の目的物を供託所（各地の法務局等。供託法1条、4条）に供託することで債務を免れることができるという供託の制度を設けています（改正前民法494条、改正民法494条。以下「弁済供託」といいます）。

　債権譲渡の当事者間で争いが生じ、債務者が債権の帰属を確知できない場合や、1つの債権が二重に譲渡され、対抗要件である債権譲渡通知の到達時の先後が不明の場合は、債権者が確知不能であると言え、債務者は、自らに過失がない場合、供託をすることができます（改正民法494条2項）。

　供託をした債務者は、遅滞なく債権者に供託の通知をしなければなりません（民法495条3項）。なお、この通知は供託の有効要件ではなく（最一小判昭29.2.11民集8巻2号401頁）、通知義務違反は損害賠償責任を発生させ得るにとどまります。

　供託によって債務は消滅するため（改正民法494条1項後段）、債務者は、供託後は履行遅滞を理由とする損害賠償責任を負わないこととなります。金銭債務の不履行については、債務者は不可抗力をもって抗弁とすることができず（民法419条3項）、過失なく債権者を確知不能な場合であっても、供託をしない限り、遅延損害金の負担を免れないと考えられるため（最三小判平11.6.15金法1566号56頁参照）、供託による免責の効果は、金銭債務の場合にとりわけ大きな意味を持つことになります。

⑵ 譲渡制限特約付金銭債権が譲渡されたことを原因とする供託

　改正前民法のもとでは、譲渡禁止特約付債権が譲渡され、債務者が過失な

VIII　債権譲渡

く譲受人が特約について悪意・重過失であるか否かを判断することができないときについても、債務者は、供託をすることができると解されていました。譲受人が悪意・重過失であれば、依然、譲渡人が債権者であり、善意・無重過失であれば譲受人が債権者であるということになり、いずれが債権者であるかを債務者が確知不能であるためです（改正前民法494条後段）。

　これに対して、改正民法は、譲渡制限特約に反する債権譲渡も有効としたことから（改正民法466条2項。債権的効力説）、債権者は常に譲受人であることになり、債務者は、債権者が確知不能であることを理由とする供託を行えないことになりました。

　しかし、譲受人が悪意・重過失であるか否かを債務者が知らないときに、債務者が弁済の相手方の判断に困る（とりわけ、譲受人が悪意・重過失であるか否かによって、譲渡人に対する弁済の有効性が異なる）という事態が生じ得るのは、改正民法のもとでも同様です。そこで、改正民法のもとでも、譲渡制限特約付きの債権が譲渡された場合における債務者の誤弁済のリスクを回避する観点から、債務者が供託をすることによって債務を免れられるようにするため、「譲渡制限の意思表示がされた金銭の給付を目的とする債権が譲渡されたとき」についても供託をすることができるとしました（改正民法466条の2）。

　債務者は、譲渡制限の意思表示がされた金銭の給付を目的とする債権が譲渡されたときは、過失の有無によらず、その債権の全額に相当する金銭を債務の履行地（債務の履行地が債権者の現在の住所により定まる場合には、譲渡人の現在の住所を含みます）の供託所に供託することができます（改正民法466条の2第1項）。

　「債務の履行地…の供託所」は、いわゆる持参債務（債務の履行地が債権者の現在の住所により定まる債務）の場合には、債権者である譲受人の現在の住所の供託所となりますが、債務者は、譲受人が悪意・重過失の場合には、譲渡制限特約の存在を主張し譲渡人に弁済することも可能であることから、譲渡人の住所の供託所でもよいとされています。

　債務者は、供託後、遅滞なく、譲渡人および譲受人に供託の通知をしなければなりません（改正民法466条の2第2項）。債権者である譲受人のみなら

ず譲渡人に対しても通知が必要なことに留意が必要です。

供託金は、譲受人に限り、還付を請求することができることとされています（改正民法466条の2第3項）。これは、改正民法のもとでは、債権譲渡の当事者間では譲受人が債権者であること（債権譲渡が有効であること）には疑いがなく、また、譲渡人が還付請求権を有するとすると、譲渡人の債権者による差押え等が可能となるなどの不利益があるためです。

2 供託額が不足している場合の取扱い

(1) 全部無効が原則

供託によって債務が消滅するのは、債権者が債務者に対して有するのと同内容の債務を供託所に対して取得するからであり、今回の改正以前より、弁済供託については、利息や遅延損害金が発生しているにもかかわらず、元本のみを提供するのは不適法な供託であると解されています。改正民法で新たに設けられた譲渡制限特約付金銭債権が譲渡されたことを原因とする供託の制度においても、供託すべき金額を譲渡された金銭債権の「全額に相当する金額」と定めていることもあり（改正民法466条の2第1項）、同様の解釈が妥当するものと思われます。

前記1(1)のとおり、金銭債務については不可抗力を抗弁として遅延損害金の発生をとどめることはできないものと解されるため、供託を行う債務者としては供託が無効と判断されないよう留意が必要です。

(2) 例外

もっとも、本来の債権額に満たない額の供託であっても、それがごくわずかの不足である場合（最一小判昭35.12.15民集14巻14号3060頁。15万4500円のうち1360円が不足していた事案）や、債権額について争いがある中で、債務者が第1審判決により認められた債権額を供託したところ、第2審でその債権額が債権の全額に満たないものであると判断された場合（最二小判平6.7.18民集48巻5号1165頁）には、供託は、提供された範囲内では有効となるものと考えられます（したがって、その分の遅延損害金は発生しません）。

また、債権額に争いがある中で、債務者が債権全額を弁済する意思で供託をした場合、債権者が特段の留保をせずに供託金を受領すると、債権者はそ

175

の債権の全額について供託の効力を認めたものと解されます（最一小判昭33.12.18民集12巻16号3323頁）。

この裏返しとして、債権者が債務者に対して供託金を債権の一部に充当することを通知し、かつ、供託所にその留保の意思を明らかにして還付を受けた場合、その一部についてのみ債権が消滅します。

3　経過措置

債権譲渡に関する改正については、「施行日前に債権の譲渡の原因である法律行為がされた場合におけるその債権の譲渡については、新法第466条から第469条までの規定にかかわらず、なお従前の例による」との経過措置が設けられています（改正民法附則22条）。

譲渡制限特約の付されていない債権については、改正前後で特段扱いに変更はありません。これに対して、譲渡制限特約付債権については、改正前民法が適用される場合には、債務者が過失なく譲受人が特約について悪意・重過失であるか否かを判断することができないときに限って弁済供託が可能なのに対して、改正民法が適用される場合には、債務者は自らの善意・悪意や過失の有無にかかわらず供託をすることができます。

実務のポイント

本項目に関する民法改正は、実質的に改正前民法と同様の状況に陥った債務者を保護するものですので、実務上の影響は大きくないものと考えられますが、上記3のとおり、債務者が供託できる余地が広がっている点に留意が必要です。

（矢田　悠）

Q31 将来債権・譲渡禁止債権を含む集合債権譲渡担保

　貸付の担保として、貸付先とその取引先との間の継続的取引に基づく現在および将来の売掛金債権に譲渡担保権の設定を受けようと考えています。なお、貸付先に信用不安を生じさせないよう、債権譲渡を売掛金の債務者に通知しないサイレント方式（担保実行時まで債務者対抗要件を具備しない方式）により行うことを考えています。設定に際して改正との関係で留意すべき点はありますか。

A　サイレント方式による場合、改正民法のもとでは、譲渡担保権設定後に貸付先（担保権設定者・債権者）と取引先（債務者）が締結した譲渡制限特約により、担保権者は、取引先（債務者）から債務の履行拒絶や弁済等の主張を受けるおそれがあります。そこで、担保権者としては、貸付先（担保権設定者・債権者）との担保権設定契約において、担保設定後に取引先（債務者）との間で譲渡制限特約を締結しないことを、貸付先（担保権設定者・債権者）のコベナンツ（誓約事項）の1つとして規定しておくことが必要となります。

1　前提－集合債権譲渡担保とは

　集合債権譲渡担保とは、文字どおり、担保権設定者が第三者に対して有する複数の債権（将来債権を含むことも多い）に一括して譲渡担保権を設定することをいいます。その具体的な内容は担保権設定契約によって決まることになりますが、しばしば見られるのは以下のような内容の契約です。第三債務者が多数に上る場合に費用や手間がかかること、また、不特定の第三債務者に対する将来債権を含む場合にはそもそも第三債務者が誰になるかも不明なこと、さらに、第三債務者に対して、担保を設定したという事実を知られ

177

VIII 債権譲渡

ることを担保権設定者が望まないこと等が、次の①のとおり、サイレント方
式が採用されている理由です。

○集合債権譲渡担保契約の典型例

> ① 金融機関は融資先企業（譲渡担保権設定者）に融資を行うとともに、
> 当該企業が有する売掛債権（将来債権を含む。担保対象債権）に対し、
> 集合債権譲渡担保権の設定を受ける。設定時には、譲渡担保権の設定に
> ついて取引先（第三債務者）に対する債務者対抗要件の具備（債権譲渡
> 通知）は留保され、債権譲渡登記による第三者対抗要件の具備のみが行
> われる（いわゆるサイレント方式）。
> ② 平時は、融資先企業に担保対象債権の取立権限（取立金を自ら使用す
> る権限を含む）が認められる。すなわち、融資先企業は譲渡担保権設定
> 前と同様に取引先から直接債権を回収し、回収金を自己の運転資金に用
> いることができる。
> ③ 融資先企業の業況悪化等に起因して被担保債権が期限の利益を喪失し
> た場合、担保契約上、それまで認められていた融資先企業の取立権限が
> 失われる。
> ④ この場合、金融機関は、譲渡担保権を実行することができ、取引先に
> 対して、債権譲渡通知を行うとともに、直接、売掛債権の支払を請求し、
> 回収金を被担保債権に充当することができる。

2 将来債権譲渡に関する規定の整備

(1) 判例法理の明文化

改正前民法は、将来債権の譲渡に関する規定を設けていませんでしたが、
判例（最三小判平11.1.29民集53巻1号151頁、最一小判平19.2.15民集61巻1
号243頁等）上、将来債権の譲渡は有効であると解されており、また、既発
生の債権と同様の方法により対抗要件を具備できると解されていました（動
産及び債権の譲渡の対抗要件に関する民法の特例等に関する法律には、この
ことを前提に、譲渡対象が将来債権である場合についての登記の方法が規定

されています）。

　改正民法では、将来債権の譲渡が有効であること（改正民法466条の6第
1項・2項）および将来債権譲渡についても既発生の債権と同様の方法によ
り対抗要件具備が可能であることが明文化されました（改正民法467条1項）。

⑵　将来債権譲渡と譲渡制限特約

　改正前民法は、将来債権譲渡が行われた後に、譲渡の対象となった将来債
権（未発生の債権）の発生原因となる契約に譲渡制限特約が定められ、当該
債権が譲渡制限特約付きで発生した場合の取扱いについても規定を設けてお
らず、この場合の譲渡制限特約の効力については見解が分かれていました。

　改正民法では、債務者に対する対抗要件具備時までに譲渡制限特約が付さ
れた場合、譲受人は当該特約について悪意であったとみなされ、債務者は債
務の履行を拒絶でき、また、譲渡人に対して弁済や相殺を行い、その効力を
悪意・重過失の譲受人に対抗できるものとされました（改正民法466条の6
第3項）。

　債権譲渡を担保目的で行う場合、上記1のとおり、債務者に対する対抗要
件を実行時まで具備しないサイレント方式による場合が多いため、改正民法
のもとでは、担保権者は、譲渡担保権設定後に担保権設定者（債権者）と債
務者が締結した譲渡制限特約により、債務者から債務の履行拒絶や譲渡人に
対する弁済等の主張を受けるおそれが高まりました。そのため、担保権者と
しては、担保権設定者（債権者）との担保権設定契約において、担保設定後
に被担保債権について債務者との間で譲渡制限特約を締結しないことを、担
保権設定者のコベナンツ（誓約事項）の1つとして規定しておく必要性も一
層高まったと言えます。

3　契約違反リスク

　改正民法では譲渡制限特約付債権の譲渡にも効力が認められるため、譲渡
制限特約付債権を有する債務者は、取引先（第三債務者）の承諾を得ること
なく有効に譲渡担保権を設定することができるようになり、将来債権譲渡担
保の活用可能性は広がったと言えます。

　しかし、譲渡の効力それ自体とは別の問題として、譲渡制限特約への違反

が譲渡人の第三債務者に対する契約の債務不履行を構成する可能性は否定できないところです。この場合に当該債務不履行が第三債務者との間の契約の解除権の発生原因となったり、違約金の発生事由となったりすることがあれば、改正の意義が相当に減殺され得ることになります。

解釈論としては、譲渡制限特約付債権の担保取引を通じた資金調達（とりわけ中小企業の資金調達）を促すことを目的とする改正民法の趣旨に照らし、解除・違約金条項の効力や適用場面を限定的に解すべきこと、少なくともサイレント方式の債権譲渡担保契約では、平時は取立権限が融資先企業に留保され、平時において取引先の弁済先固定の利益は事実上も何ら害されていないこと等に照らして、この種の担保の設定行為のみでは債務不履行や解除事由を構成しないとする契約解釈（改正民法541条ただし書は催告期間を経過した時における債務の不履行がその契約および取引上の社会通念に照らして軽微であるときは、解除はすることができない旨を定めています）や解除・違約金条項の有効性を限定する解釈も考えられるところですが、いずれにせよ、一定程度のリスクが生じることは避けられないところではあります。

この点については、集合債権譲渡担保の普及に向けて、官公庁によるガイドラインや集合譲渡担保の設定を妨げない内容（弁済先固定の利益は債務者に認める一方、債権譲渡自体は許容する内容）での譲渡制限条項の普及等、実務の進展が待たれるところです。

4　経過措置

債権譲渡に関する改正については、「施行日前に債権の譲渡の原因である法律行為がされた場合におけるその債権の譲渡については、新法第466条から第469条までの規定にかかわらず、なお従前の例による」との経過措置が設けられています（改正民法附則22条）。

集合債権譲渡担保が施行日前に設定されている場合、担保の対象となる将来債権が施行日後に具体的に発生したとしても、改正民法の適用を受けることにはならず、集合債権譲渡担保設定後、債務者対抗要件具備に付された譲渡制限特約の効力などは改正前民法の解釈により決することになる点に留意が必要です。

実務のポイント

改正民法は、将来債権の譲渡が可能であることを明文化し、また、譲渡制限特約付債権の譲渡を行いやすくし、譲渡制限特約付債権への集合債権譲渡担保の設定の途を開きました。さらに、これまで明確でなかった将来債権譲渡後に付された譲渡制限特約の効力を明確化したことも、関係者の予見可能性を高める点で一定の意義を持つものと考えられます。

他方で、集合債権譲渡担保の効力そのものとは別に、債務者が第三債務者との間の契約に違反することになるリスクの問題など、利用普及にあたっては解消すべき課題も残存しています。

（矢田　悠）

VIII　債権譲渡

Q32　異議をとどめない承諾と債務者の抗弁

> 貸付債権の債権譲渡を受けるにあたり、債務者から異議をとどめない
> 承諾を受ければ、債務者が譲渡人に対して有していた抗弁を対抗される
> おそれはないのでしょうか。

A　改正民法は異議をとどめない承諾の制度を廃止しました。した
がって、譲受人が、債務者から、譲渡人に対して有していた抗弁の
対抗を受けないようにするためには、抗弁放棄の意思表示を受ける必要があ
ります。

1　異議をとどめない承諾から抗弁の放棄へ

(1)　改正前民法のもとでの異議をとどめない承諾の制度

　改正前民法は、債権譲渡が行われた場合であっても、譲渡人が債務者対抗
要件のうち譲渡の「通知」をしたにとどまるときは、債務者は、その通知を
受けるまでに譲渡人に対して生じた事由（抗弁）をもって譲受人に対抗する
ことができるとしていました（改正前民法468条2項）。その一方で、債務者
が異議をとどめないで「承諾」をしたときは、譲渡人に対抗することができ
た事由（抗弁）があっても、譲受人に対抗することができないものとし（改
正前民法468条1項）、異議をとどめない承諾に抗弁の切断の効果を認めてい
ました。

　異議をとどめない承諾の制度により、譲受人は、債務者が譲渡人に対して
有する抗弁の影響を受けずに債権を譲り受けることができ、譲受人の地位の
安定に資することから、同制度は実務上しばしば用いられてきました。

　「異議をとどめない承諾」と言えるためには、異議がない旨を積極的に明
示することまでは必要ありません。したがって、（実務上は、念のため異議

182

をとどめない旨を明示する例もありますが）単に債務者が無留保で「承諾す
る」と表明しさえすれば異議をとどめない承諾を行ったものと解されていま
す。なお、明文はないものの、譲受人には抗弁の存在について善意・無過失
が要求されるとするのが判例です（最二小判平27.6.1民集69巻4号672頁）。

○異議をとどめない承諾の文言例

> 乙（債務者）は、○年○月○日付○○契約に基づき、甲（債権者・譲渡
> 人）が、乙（債務者）に対して現在有しおよび将来有することとなる○○
> 債権のすべてを、丙（譲受人）に対して○年○月○日をもって譲渡するこ
> とにつき、［異議をとどめず］承諾します。

(2) 改正民法のもとでの異議をとどめない承諾の制度の廃止

　以上のとおり、異議をとどめない承諾の制度は、譲受人の地位の安定に資
する面を持ちますが、その一方で、同制度は債務者にとって抗弁の喪失とい
う重大な効果を生じさせるものでした。

　そして、単なる異議をとどめない承諾をもってこのような効果を生じさせ
るのは債務者の保護の観点から妥当でないと考えられたことから、改正民法
は異議をとどめない承諾の制度を廃止しました。そのため、改正民法では、
債務者は、譲受人が債務者対抗要件を備えるまで（譲渡制限特約付債権の悪
意・重過失の譲受人との関係では改正民法466条4項の定める「相当の期間
を経過した時」または改正民法466条の3の規定により「譲受人から供託の
請求を受けた時」まで）に債務者が譲渡人に対抗することができた事由（抗
弁）は、その後に債務者が債権譲渡について異議をとどめない承諾を行った
場合であっても譲受人に対抗することができることになります（改正民法
468条）。

　この結果、譲受人が債務者から抗弁の対抗を受けないようにするために
は、債務者から抗弁を放棄する旨の意思表示を受ける必要があることになり
ました。

　なお、抗弁放棄の意思表示という構成を採る以上、債務者保護の必要性か

VIII 債権譲渡

ら、判例上、譲受人に善意・無過失が要求されていた、異議をとどめない承
諾の制度と異なり、譲受人の善意・悪意は問題になりません。

2 抗弁の放棄を受けるにあたっての留意点

抗弁の放棄は、放棄の対象となる抗弁が何であるかを債務者が認識した上
で行われる必要があります。実務上は、債務者が有する可能性のある抗弁を
すべて放棄させる必要がある場合も多いものと思われますが、このような包
括的な抗弁放棄の有効性については慎重に検討する必要があります。包括的
な抗弁放棄も直ちに無効というわけではありませんが、債務者に不当に不利
な内容となる場合、民法90条の公序良俗違反（暴利行為の禁止）、民法95条
（錯誤無効）等により効力が制限される可能性があります。さらに、債務者
が消費者の場合には、消費者契約法10条（消費者の利益を一方的に害する条
項の無効）が、また、放棄が定型約款により行われる場合には、改正民法
548条の２第２項（定型約款による相手方の利益を一方的に害する条項の排
除）が適用される余地もあります。

いずれにしても、債務者から、放棄の対象となる抗弁について認識してい
なかったとの主張や、不当に不利な内容であるとの主張を受けないために
も、抗弁の放棄を受ける際には、放棄の対象をあらかじめ可能な限り特定し
ておくことが適切です（後記文言例参照）。

3 具体的な抗弁放棄の方法

抗弁放棄の方式について特段の制限はありませんが、後の紛争防止の観点
からは、債務者から抗弁を放棄する旨の書面を取得することが望ましいもの
と思われます。

実務上は、債務者対抗要件および第三者対抗要件としての（確定日付のあ
る）承諾と合わせて、抗弁の放棄についても記載した承諾書を債務者から受
領することが一般的になるものと思われますので、以下にその際の文言例を
示します。

184

○債務者から取得する承諾書の文言例

　　乙（債務者）は、○年○月○日付○○契約（以下「本契約」といいます）に基づき甲（債権者・譲渡人）が、乙（債務者）に対して現在有しおよび将来有することとなる○○債権のすべて（以下「本件譲渡債権」といいます）を、丙（譲受人）に対して、○年○月○日をもって譲渡することにつき、［本契約第○条（譲渡制限特約）の規定を適用しないことを確認の上で、］本書をもって承諾します。

　　なお、乙（債務者）は、本件譲渡債権について、①乙（債務者）が甲（債権者・譲渡人）に対して現在有しまたは将来有することとなる債権を自働債権とする相殺の抗弁その他の乙（債務者）が甲（債権者・譲渡人）に対して現在有しまたは将来有することとなる一切の抗弁［および②本契約第○条（譲渡制限特約）第○項に定める履行拒絶および弁済その他の債務を消滅させる事由による抗弁］を本書をもって放棄し、これらを丙（譲受人）に対して主張しません。

　上記文言例では、第1段落で、債務者対抗要件を備えるため、債権譲渡を承諾する旨を明記しています。この承諾書に確定日付を取得することで、第三者対抗要件も具備することになります。

　第2段落では、①で「その他…一切の抗弁」の放棄を定めつつ、上記2のとおり、このような包括的な抗弁放棄の意思表示の有効性については議論があり得るため、予想される抗弁については個別にも列挙することとしています。上記文言例では相殺の抗弁について明記していますが、それ以外にも予想される抗弁があれば明記しておいた方がよいでしょう。

　以上のほか、譲渡制限特約付債権を譲渡する場合には、上記文言例中、［　］で囲った文言についても記載する必要があります。譲渡制限特約については、厳密には、譲渡人による譲渡が特約違反の債務不履行とならないようにするための手当て（Q31参照）と、履行拒絶および弁済その他の債務を消滅させる事由による抗弁を主張されないようにするための手当てがそれぞれ必要になるため、前者については第1段落で、後者については第2段落の②で

VIII　債権譲渡

それぞれ対応しています。

4　経過措置

　債権譲渡に関する改正については、「施行日前に債権の譲渡の原因である法律行為がされた場合におけるその債権の譲渡については、新法第466条から第469条までの規定にかかわらず、なお従前の例による」との経過措置が設けられています（改正民法附則22条）。

　したがって、施行日以後に行われる債権譲渡については、異議をとどめない承諾による抗弁の切断の効果は及ばないこととなるため留意が必要です。

実務のポイント

　改正民法の施行により、異議をとどめない承諾の制度が廃止される結果、譲受人が債務者の抗弁の切断という効果を得ようとする場合、債務者に明示的に抗弁を放棄する旨の意思表示をさせることが必要となりました。

　単に異議をとどめない承諾を得ることに比べて、明示的な抗弁の放棄についての意思表示を得ることは、相当に困難な場合も多いものと考えられます。

　したがって、本項目の改正によって、債権譲渡の譲受人は、債務者が譲渡人に対抗することができた事由を対抗されるおそれが高くなります。これまで、異議をとどめない承諾が得られることを前提に債権に付着した抗弁の有無、内容等について精査していなかった場面において、一層の確認と（必要に応じて）抗弁の放棄に関する手当てが必要になるものと思われます。

　なお、集合債権譲渡担保の実務では、譲渡人の信用不安を招かないようサイレント方式が採用されることが多く（Q31参照）、通例、異議をとどめない承諾は求められていません。そのため、改正民法は、このような実務に対してはとくに大きな影響を持つことはないものと思われます。

（矢田　悠）

IX

債務引受

Q33 併存的債務引受による保全強化

貸付債権の保全のため、債務者の親族に併存的債務引受をしてもらおうと考えていますが、併存的債務引受は、債権者、債務者および引受人の三者間の契約による必要がありますか。また、契約書を作成するにあたり、何か留意すべき点はありますか。

A 改正前民法において、併存的債務引受は必ずしも債権者、債務者および引受人の三者間の契約による必要はないと解されていたところ、この点については、改正民法においても変わりません。従来どおり、債権者と引受人のみの契約によっても可能ですし、債務者と引受人のみの契約によっても可能です。また、債務者の1人に対する請求に絶対的効力を持たせるなど、併存的債務引受に改正前と同様の効果を期待するのであれば、契約書を作成する際に、引受人を含む債務者の1人に対する請求の効力が他の債務者にも及ぶ旨の特約を導入しておくことを検討すべきと言えます。

1 併存的債務引受の明文化

⑴ 改正前民法における併存的債務引受

a 債務引受の意義と類型

債務引受とは、債務者の負担する債務をその同一性を保持したまま引受人に移転させる契約をいいます。債務者が変更する点において債務者の交替による更改に類似しますが、債務の同一性が保持され続ける点が更改とは異なります。

債務引受には、引受人が従来の債務者と併存して同一の債務を負担する併存的債務引受（重畳的債務引受ともいいます）と引受けによって従来の債務者は債務を免れる免責的債務引受の2つの類型がありますが、改正前民法に

189

おいては、いずれについても明文の規定が置かれず、これら債務引受は解釈によって認められ、判例により要件効果が形成、確認されていました。

以下では設問にある併存的債務引受について解説します（免責的債務引受についてはＱ34参照）。

b　併存的債務引受の成立要件と効果

併存的債務引受が、債権者、債務者および引受人の三者間の契約で成立することについては問題がありません。問題となるのは、債権者と引受人のみの契約によって成立するか、また、債務者と引受人のみの合意によって成立するかという2当事者のみでの成立の可否です。

この点、前者は、新たに引受人が保証人となるのと同じ状況ですから（保証契約は債務者の意思に反しても有効に成立します）、仮に、債務者の意思に反していたとしても債権者と引受人のみの契約によって併存的債務引受は成立するとされていました（大判大15.3.25民集5巻219頁）。また、後者については、債務者と引受人による第三者のためにする契約として成立するものとされ（大判大6.11.1民録23輯1715頁）、債権者は受益の意思表示をすることで新たな引受人に対しても債務の履行を請求できるとされていました。

次に、併存的債務引受の効果については、特段の事情がない限り、引受人と従来の債務者との間に連帯債務関係が生じるものとされています（最三小判昭41.12.20民集20巻10号2139頁）。なお、前述のとおり、債務引受においては債務の同一性が保持されていますので、引受人は債務引受時において従来の債務者が債権者に対して主張することができた抗弁をもって債権者に対抗することができるとされています。

(2)　改正民法における併存的債務引受

前述のとおり、改正前民法においては併存的債務引受について明文規定が置かれていませんでしたが、改正民法においては新たに明文規定が設けられています。その内容は以下のとおり、改正前民法における解釈や判例を条文に明記したにとどまり、実質的な変更点はありません。

まず、併存的債務引受の成立要件に関しては、債権者と引受人のみの契約によって成立することが明記され（改正民法470条2項）、また、債務者と引受人のみによる場合には第三者のためにする契約（改正民法537条）として

成立することも明記されています（改正民法470条3項・4項）。

　次に、効果に関しては、引受人が、債務引受時において従来の債務者が債権者に対して主張することができた抗弁をもって債権者に対抗することができる点について明記され（改正民法471条1項）、また、改正民法においては、債務者が債権者に対して債務の発生原因となる契約について取消権または解除権を有するときは、引受人もこれらの取消権等の行使によって債務者が債務を免れるべき限度で債権者に対して債務の履行を拒むことができるものと明文化されています（改正民法471条2項）。そして、特段の事情がない限り、引受人と従来の債務者との間に連帯債務関係が生じることも明記されていますが（改正民法470条1項）、改正民法においては、この連帯債務に大きな変更点が生じていますので（例えば、連帯債務者の1人に対する請求が相対的効力を有するにとどまる等）、この点に留意を要します（連帯債務についてはQ18参照）。

2　改正の実務影響

　改正民法は、併存的債務引受について従来の解釈や判例法理を明文化したにとどまりますが、前述のとおり、その効果である連帯債務関係については、改正前民法において絶対的効力を有するとされていた請求等が相対的効力を有するにとどまる等の変更が生じていますので、改正前民法と同様の効果を期待して併存的債務引受をする際には、請求に絶対的効力が認められる旨の特約条項を契約書に導入しておくといった対応が必要になります。

○債務者または引受人の一方に対する履行の請求に絶対的効力を生じさせる
　条項例

　　民法441条本文の規定にかかわらず、甲（債権者）による乙（債務者）または丙（引受人）の一方に対する履行の請求は、請求を受けていない他方に対する関係においても絶対的効力を有し、その他方との関係においても、その時効の完成を猶予し、更新するものとする。

IX 債務引受

3 経過措置

　債務引受の改正については、「新法第470条から第472条の4までの規定は、施行日前に締結された債務の引受けに関する契約については、適用しない」との経過措置が設けられています（改正民法附則23条）。そのため、改正民法施行後に行われる債務引受について改正民法に基づく規律が適用されることになります。

実務のポイント

　併存的債務引受は保全強化策として債務者を追加する趣旨で利用されることがあります。今回の改正により、追加された引受人と従来の債務者は、特段の事情がなければ、連帯債務関係が生じることが明記されましたが、同時に、連帯債務関係については、従来、絶対的効力が生じるとされていた請求が相対的効力を有するにとどまるとの変更が加えられていることに留意を要します。すなわち、債務者または引受人の一方に対する訴訟提起等によっても他方の債務の時効を中断できないことになりますので、併存的債務引受契約に際しては、このような不都合への手当てとして、請求に絶対的効力が認められる旨の特約条項を契約書に導入しておくことを検討すべきと考えられます。

（荒井隆男）

Q34 免責的債務引受による債務者の交替

　債務者が病気のために長期入院することになり、約定の履行期までの弁済が見込めないことになりました。そうしたところ、債務者の婚約者が債務者に代わって自らが債務を引き受ける旨を申し出てきましたので、その婚約者に免責的債務引受をしてもらうことを検討しています。もっとも、婚約者による免責的債務引受については債務者が同意していないようなのですが、この場合に免責的債務引受をするにはどのような手続をすればよいのでしょうか。また、この債務については、債務者の父が所有している土地・建物に抵当権の設定を受けているのですが、免責的債務引受後もこれらの抵当権は婚約者が引き受けた債務について存続するのでしょうか。

A　改正前民法においては、債務者の意思に反して債権者と引受人のみで免責的債務引受をすることは認められませんでしたので、債務者の同意を得ておくことが必要でしたが、改正民法においては、債務者の意思にかかわらず債権者と引受人のみによって免責的債務引受をすることが可能となりました。もっとも、その場合の免責的債務引受は、免責的債務引受がなされたことを債務者に通知した時に効力を生じるとされています。そこで、債権者としては、引受人となる婚約者との間で免責的債務引受契約を締結し、その事実を債務者に通知しておくことが必要となります。

　また、改正民法においては、引受人以外の者が設定した担保を引受け後の債務の担保として移転（存続）させるためには、その設定者が引受人に対して免責的債務引受に先立って、または免責的債務引受と同時に承諾の意思表示をしておくことが必要とされています。そこで、債務者の父が設定した抵当権を婚約者による免責的債務引受後も存続させるためには、婚約者との間の免責的債務引受契約に先立って、債務者の父から承諾を受けておく必要が

193

Ⅸ　債務引受

あります。

1　免責的債務引受の明文化

⑴　改正前民法における免責的債務引受

a　免責的債務引受の意義と類型

　免責的債務引受とは、債務者の負担する債務をその同一性を保持したまま引受人に移転させる債務引受のうち、引受けによって従来の債務者が債務を免れる類型をいいます（従来の債務者も引き続き債務を負担する場合を併存的債務引受といいます。併存的債務引受についてはQ33参照）。改正前民法においては、免責的債務引受について明文の規定が置かれず、免責的債務引受は解釈によって認められ、判例により要件・効果が形成、確認されていました。

b　免責的債務引受の成立要件と効果

　免責的債務引受が、債権者、債務者および引受人の三者間の契約で成立することについては問題がありません。問題となるのは、債権者と引受人のみの契約によって成立するか、また、債務者と引受人のみの合意によって成立するかという2当事者のみでの成立の可否です。この点、前者については、債権者と引受人のみの契約によっても、債務者の意思に反していなければ、有効に成立するとされていました（大判大10.5.9民録27輯899頁）。また、後者については、債務者と引受人のみによる免責的債務引受も債権者による追認を条件として認められるというのが通説的見解でした。

　次に、免責的債務引受の効果としては、債務が同一性を保持したまま引受人に移転し、債務者は債務を免れることになります。引受けされた債務は同一性を保持していますので、引受人は債務引受時において従来の債務者が債権者に対して主張することができた抗弁をもって債権者に対抗することができるとされており、利息債務などの従たる債務も引受人に移転することになります（ただし、既に発生している具体的な利息債権については、これを債務引受の対象となる旨を合意しておかなければ引受人には移転しないことに留意を要します）。

もっとも、従来の債務に担保や保証が設定されていた場合、誰が債務者であるかは設定者や保証人の利害に影響しますので、設定者や保証人の同意がなければ移転せずに消滅します（第三者の設定した質権の消滅につき最一小判昭46.3.18金法615号35頁）。

(2) 改正民法における免責的債務引受

前述のとおり、改正前民法においては免責的債務引受について明文規定が置かれていませんでしたが、改正民法においては新たに明文規定が設けられています。その内容は以下のとおりです。

a 改正民法における免責的債務引受の成立要件

まず、免責的債務引受の成立要件に関しては、債務者の意思にかかわらず債権者と引受人のみの契約によっても成立するとされました（改正民法472条2項前段）。債務者の意思が問題とされない点が改正前民法とは異なることになります。もっとも、その場合には免責的債務引受がなされたことを債務者に通知した時に効力を生じるとされており、債務者に対する通知が必要となります（改正民法472条2項後段）。また、債務者と引受人のみの契約による場合は、債権者が引受人となる者に対して承諾をすることによって免責的債務引受が成立するとされています（改正民法472条3項）。債権者の意思の反映を要するという点は改正前の通説的見解と同様です。なお、この債権者の引受人となる者に対する承諾には遡及効が認められず、承諾時に免責的債務引受が成立するものと解されています（潮見169頁）。

b 改正民法における免責的債務引受の効果

(a) 抗弁権の承継等

免責的債務引受の効果に関しては、まず、債務が同一性を維持したまま引受人に移転し、従来の債務者は債務を免れる点が明記されました（改正民法472条1項）。債務の同一性が保持される以上、引受け時において債務者が主張することができた抗弁権を引受人が承継することとなりますが、この点についても明記されています（改正民法472条の2第1項）。また、改正民法においては、併存的債務引受の場合と同様に、債務者が債権者に対して債務の発生原因となる契約について取消権または解除権を有するときは、引受人においても、免責的債務引受がなければ、それら取消権等の行使によって債務

195

者がその債務を免れることができた限度において、債権者に対して債務の履行を拒むことができると明文化されています（改正民法472条の2第2項）。

(b)　求償権の不発生

　さらに、改正民法においては、免責的債務引受における引受人が債務を履行した場合であっても、保証債務の履行や第三者弁済の場合とは異なり、債務者に対して求償権を取得しないものと明文化されました（改正民法472条の3）。これは、引受人が他人の債務をあえて免責的に自己の債務として引き受けている以上は、履行にかかる最終的な負担も自らのものとする意思が認められることによるものです。もっとも、債務者と引受人間において、引受けの対価として債務相当額を支払う旨の合意は妨げられず、かかる合意に基づいて引受人が債務者に対して債務相当額を請求することは可能であり、また、引受けが債務者の委託による場合には、委任事務処理費用の償還請求権として、債務者に対する債務相当額の支払請求権を観念することができます（民法649条、650条1項、潮見170頁）。

○引受人に債務者に対する引受債務相当額の請求権を認める場合の条項例

> 　民法472条の3の規定にかかわらず、丙（引受人）が、甲（債権者）に対し、引受けにかかる債務を履行した場合には、丙（引受人）は、免責的債務引受の対価の支払請求権として、同履行にかかる支払額と同額の金員の支払を乙（債務者）に請求することができるものとする。

(c)　担保や保証の移転

　改正民法においては、免責的債務引受がなされた場合、従前の債務について設定されていた担保について、引受人以外の者が設定者である場合には、その設定者の承諾がなければ移転させられない旨が明記されました（改正民法472条の4第1項）。引受人が担保の設定者である場合には引受人の承諾がなくとも担保の移転は可能ですが、従前の債務者が設定者である場合には、債務者も「引受人以外の者」に当たることから、その債務者の承諾がなければ担保が移転できないことになりますので、この点に留意が必要です。

なお、この担保移転に対する承諾の意思表示は、あらかじめ、または免責的債務引受と同時に引受人に対してなされなければならないとされています（改正民法472条の4第2項）。免責的債務引受によって従前の債務者の債務は消滅することになりますので、担保の付従性との抵触を避けるため、承諾の意思表示の時期が制限されています。

また、この担保に関する移転の制限は保証についても準用されています（改正民法472条の4第3項）。保証人による新たな引受人に対する保証移転の承諾は、書面でなければ効力を生じないとされており（改正民法472条の4第4項）、この承諾が電磁的記録でなされたときは、書面によってなされたものとみなすものとされています（改正民法472条の4第5項）。

2　改正の実務影響

債務者の意思にかかわらず、引受人と債権者のみによって免責的債務引受を成立させることができるようになりましたので、改正民法によって、免責的債務引受は従前より利用しやすいものになったと言えます。

3　経過措置

債務引受の改正については、「新法第470条から第472条の4までの規定は、施行日前に締結された債務の引受けに関する契約については、適用しない」との経過措置が設けられています（改正民法附則23条）。そのため、改正民法施行後に行われる債務引受について改正民法に基づく規律が適用されることになります。

実務のポイント

　改正民法においては、免責的債務引受における引受人が債務を履行した場合であっても、原則として、債務者に対して求償権を取得しないこととされましたが、具体的事例において、これが常に引受人の意思と合致するとは限りません。債権者としては、引受人と債務者との間の求償権の存否をめぐる紛争に巻き込まれることのないよう、免責的債務引受に際し、求償権に関する引受人らの意思に留意するようにし、求償権の発生の有無についても、あらかじめ書面で明確にしておくなどの対応をしておくのがよいように思われます。

　また、担保や保証の移転については、引受人に対する承諾の意思表示が求められますが、この意思表示が免責的債務引受契約の後になされた場合には、既に、従前の債務者の債務が消滅している以上、付従性により担保や保証も消滅しており、その移転承諾の意思表示としては基本的に無効であると考えられますので、遅くとも免責的債務引受契約の締結までには引受人に対する承諾の意思表示を得ておくよう留意を要します。

　なお、保証の移転に際しては、主債務者が従前の債務者から引受人に変更する点にかんがみ、改正民法465条の10において設けられた契約締結時の情報の提供義務（Q21参照）が課されてしかるべきと考えられるところですので、債権者としてはこの点にも留意を要することになると思われます。

（荒井隆男）

X

弁　済

Q35　債務者以外の者からの弁済

　　住宅ローンの債務者が返済を滞ったところ、債務者と同居もしておら
ず、また連帯保証人でも物上保証人でもない債務者の父親から、債務者
に代わって返済したいという旨の申出を受けました。債務者本人の意向
を確認しようとしたところ、債務者は行方不明になっており、その意向
を確認することができません。このまま債務者の父親から返済を受ける
ことに問題はないでしょうか。

A　改正前民法においては、債務者と親子関係を有するにすぎない者
による債務者の意思に反する弁済は認められず、無効になるとされ
ていましたので、債権者としては、返済を受ける前に債務者本人の意向確認
に努めなければなりませんでした。しかし、改正民法においては、親子関係
を有するにすぎない者の弁済が債務者の意思に反していたとしても、債権者
がそれを知らなかった場合には弁済の有効性は否定されないことになりまし
たので、債務者の意向が判明しない場合であっても返済を受けやすくなって
おり、行方不明になった債務者の父親から返済を受けることに問題はないと
言えます。

1　第三者の弁済についての改正

(1)　改正前民法における第三者の弁済

　債務の弁済は原則として第三者もなし得ます（改正前民法474条1項本
文）。この第三者の弁済は、第三者が自己の名において他人の債務について
弁済する場合をいい、第三者が債務者の代理人または使者（履行補助者）と
して弁済する場合や保証人が自らの保証債務を履行する場合などはこれとは
似て非なるものであって、いずれの場合も債務者自身による弁済となり、第

201

X 弁 済

三者の弁済として規律される対象にはなりません。

　例外的に第三者の弁済が許されないのは、債務の性質が第三者の弁済を許さない場合（改正前民法474条1項ただし書前段）および当事者が第三者の弁済を認めない旨の意思表示をしたとき（改正前民法474条1項ただし書後段）です。前者は、債務が一身専属的給付を目的とする場合であり、具体例としては、特定の著名人との間における著作の出版契約のように本人以外の者による給付では債務の目的が達成できない場合などが挙げられます。後者については、債権者と債務者との間の契約において第三者の弁済を許さない旨の特約がなされていた場合がこれに当たります。

　第三者の弁済が許されないもう1つの類型として、「利害関係を有しない第三者」は「債務者の意思に反して」弁済することができないという規制があります（改正前民法474条2項）。ここにおける「利害関係を有しない第三者」とは、弁済をするについて法律上の直接の利害関係を有しない者をいいます。物上保証人や担保不動産の第三者取得者であれば、債務者が債務を履行しない場合には、法律に基づき自らの所有資産が処分されてしまいますので、法律上の直接の利害関係が認められますが、単に債務者と親子関係や友人関係にあるにすぎない者には法律上の直接の利害関係は認められません。また、「債務者の意思に反して」と認められるには、債務者が債権者や弁済しようとする第三者に反対の意思表示をすることまでは不要であり、第三者による弁済が債務者の意思に反していたことが認められればよいとされています（大判大6.10.18民録23輯1662頁）。なお、「債務者の意思に反して」いたことの立証責任は、意思に反したとして弁済の無効を主張する者にあると解されています（大判大9.1.26民録26輯19頁）。

(2)　改正民法における第三者の弁済

　改正民法においては「利害関係を有しない第三者」は「債務者の意思に反して」弁済することができないという規制に関して、以下のような変更がなされています。

　まず、「利害関係」という文言が「正当な利益」と変更されています（改正民法474条2項本文）。これは弁済者による代位における法定代位（改正民法500条）の要件に揃えたものです。

202

次に、第三者の弁済が許されない場合については、「債務者の意思に反して」弁済することができないといった点は維持されつつ（改正民法474条2項本文）、債権者の意思に反する場合にも第三者は弁済できないと追加されています（改正民法474条3項本文）。もっとも、一方で債務者の意思に反する場合であっても、債権者がそれを知らなかった場合には第三者の弁済も有効になるとし（改正民法474条2項ただし書）、また、債権者の意思に反する場合であっても、第三者が債務者の委託を受けて弁済をする場合において、債権者がその事情を知っていた場合には第三者の弁済も有効になるとしています（改正民法474条3項ただし書）。

なお、債務の性質が第三者の弁済を許さない場合および当事者が第三者の弁済を認めない旨の意思表示をしたときには第三者の弁済が許されず、弁済がなされても無効になるという点は改正前民法と変わりません（改正民法474条4項）。

2　改正の実務影響

改正が実務に影響するのは、第三者の弁済が債務者の意思に反する場合であっても、債権者がそれを知らなかった場合には第三者の弁済も有効となる点です。これにより、例えば、債務者と連絡がつかずその意向が確認できないような事例においては、債務者の実際の意向にかかわらず、第三者の弁済は有効と認められることになり、第三者の弁済の有効性を確保できる場合が拡がったものと評価できます。

3　経過措置

第三者の弁済の改正については、「施行日前に債務が生じた場合におけるその債務の弁済については…なお従前の例による」との経過措置が設けられています（改正民法附則25条1項）。ここにおける「施行日前に債務が生じた場合」には「施行日以後に債務が生じた場合であって、その原因である法律行為が施行日前にされたときを含む」とされています（改正民法附則17条1項）。そのため、債務の発生と改正民法施行の先後を基準として、改正民法の規律が適用されるか否かが決せられることになります。

X 弁 済

実務のポイント

　改正民法においては、第三者の弁済が債務者の意思に反する場合であっても、債権者がそれを知らなかった場合には第三者の弁済も有効となり、第三者の弁済の有効性を確保できる場合が拡がりました。しかし、弁済の有効性をめぐる紛争の発生自体を予防する観点からは、従前どおり債務者の意向確認に努めるべきであり、また、将来の紛争に備える観点からは、行方不明等の事情により債務者の意向を知ることができなかった場合には、例えば、返済を受ける当時において債務者の届出住所および住民票上の住所において債務者の居住の実態が確認できなかったことを記録しておくなど、債務者の意向を確認できなかったことを証拠化しておくべきと言えます。

（荒井隆男）

Q36 遺産分割成立前における一部の相続人による弁済

　ローン債権の債務者が死亡したところ、相続人の一部の者から、遺産分割が完了するまでの間は、自分が月々の約定返済金全額の弁済をしたいとの申出を受けています。他の相続人の意向を確認した上でこの申出を受けるべきか検討しようと考えていたのですが、他の相続人の中には海外に移住しており、事実上、連絡を取るのが不可能な者がおり、その意向を確認することができません。このような場合でも、約定返済金全額の弁済を申し出ている相続人から弁済を受けることに問題はないでしょうか。

A　約定返済金全額の弁済を申し出ている相続人が、連帯保証人であるとか物上保証人であるなど、弁済について利害関係を有する者であれば、海外に移住している相続人の意思確認をするまでもなく、その弁済を申し出ている相続人の一部の者から弁済を受けることに問題はありません。

　また、改正民法の適用を前提とすれば、その弁済を申し出ている相続人の一部の者が、弁済について利害関係を有していない場合であっても、海外に移住している相続人と連絡が取れないため、同人がその弁済に反対していることが確認できない場合には、その弁済を申し出ている相続人の一部の者から弁済を受けても、後にその効果が覆されることはないと言えます。

　なお、改正民法における変更により、債務者の意思にかかわらず第三者の弁済が有効と認められる範囲が拡がりますが、事実上の紛争を回避する観点から、従前どおり、債務者の意思の確認には努めるべきです。

1　金銭債務の相続法理

　貸金返還債務のような金銭債務については、債務者の死亡によって相続が

205

X 弁 済

発生すると、各相続人が各法定相続分に応じて分割承継することになります。例えば、被相続人が2000万円の金銭債務を負担していた場合において相続人が配偶者Aならびに子BおよびCの場合にはAが1000万円を、BおよびCがそれぞれ500万円を分割承継することになります（債権者としてはAに対して1000万円の限度で、BおよびCにはそれぞれ500万円の限度でしか請求できないこととなります）。

したがって、相続人の一部の者による弁済であっても、その弁済額が当該相続人の分割承継した金額を超えない限りは、基本的にその分割承継した部分についての弁済となるにとどまります。先の例でBが20万円を弁済したにとどまる場合には基本的にBの相続した500万円の債務に充当されることになります。

他方で、相続人の一部の者が分割承継した金額を超えて他の相続人の相続分について弁済する場合には、その弁済は基本的に他の相続人の相続分に対する第三者の弁済となります（先の例でBが単独で2000万円を弁済する場合、Aの1000万円の債務およびCの500万円の債務については第三者の弁済となります）。

本設問のように、複数いる相続債務者の一部の者が月々の約定返済金について、その全額を支払おうとする場合には、自らが相続により負担する範囲を超えた額の債務を弁済することになりますので、その負担する範囲を超えた部分の弁済については、他の相続債務者の債務について第三者の弁済となります。

以上の金銭債務の相続法理については、今回の改正による変更点はありません。

2 第三者の弁済についての改正

(1) 改正前民法における第三者の弁済

第三者の弁済について、改正前民法においては、「利害関係」を有しない第三者による弁済が有効となるには債務者の意思に反しないことが要件とされていましたので（改正前民法474条2項）、その場合には債務者の意向を確認しておく必要がありました。他方で、第三者が主債務の連帯保証人であっ

206

たような場合や物上保証人であったような場合であれば、当該第三者は弁済をすることについて「利害関係」を有することになりますので、債務者の意思に反することをもって第三者弁済の有効性が否定されることはありません。先の例において、Bが単独で2000万円を弁済する場合、Bが連帯保証人であったようなときにはAまたはCの意思に反していてもその第三者弁済は有効となり、他方、Bが連帯保証人でも物上保証人でもないようなときには、AおよびCから同意を得ておかないとAおよびCの相続分に対するBの弁済の有効性が否定されることになりかねない、ということになります。

(2) 改正民法における第三者の弁済

改正民法においては、従前どおり、利害関係を有しない第三者（改正後の文言は「弁済をするについて正当な利益を有する者でない第三者」）は債務者の意思に反して弁済することができないとしつつも、債権者が債務者の意思に反することを知らなかった場合であれば弁済を有効とするものと変更されています（改正民法474条2項ただし書）。この改正により、債務者の同意が確認できない事例においては債務者の実際の意向にかかわらず第三者弁済は有効と認められることになり、第三者の弁済の有効性を確保できる場合が拡がったものと考えられます（第三者の弁済の変更に関する詳細はQ35参照）。

(3) 改正の実務影響

改正により債権者に影響するのは、第三者の弁済が債務者の意思に反する場合であっても、債権者がそれを知らなかった場合には第三者の弁済も有効となる点です。これにより、例えば、債務者が行方不明で連絡がつかずその意向が確認できないような事例においては、債務者の実際の意向にかかわらず、第三者弁済は有効と認められることになり、第三者の弁済の有効性を確保できる場合が拡がったものと評価できます。先の例で、連帯保証人でも物上保証人でもないBが単独で2000万円を弁済する場合において、AおよびCのいずれか、または双方と連絡がつかず意向が確認できなくとも、債権者としてはBによる2000万円の弁済を安心して受けられることになります。

X 弁 済

3 債務引受についての明文化

本設問は、遺産分割成立前の支払を問題にしていますが、遺産分割成立後は、実務上、債務引受によって相続人の一部に相続債務の全額を集中させる例が多いようです。

この債務引受については、改正前民法において明文は置かれていませんでしたが、改正民法においては、併存的債務引受および免責的債務引受それぞれについて明文が置かれています。従前の判例や解釈によって認められていた要件や効果に大きな変更点は生じていませんが、免責的債務引受を債務者の意思にかかわらず、引受人と債権者との契約および債務者への通知によって成立させることができる（改正民法472条2項）とされた点は、免責的債務引受を従前より利用しやすいものにした変更点と言えます（免責的債務引受に関する詳細についてはＱ34、併存的債務引受に関する詳細についてはＱ33参照）。

なお、本設問において免責的債務引受を利用しようとする場合、海外に移住しているため連絡を取るのが不可能な債務者への通知をどうするかが問題となり得ますが、この点については、同債務者の所在場所の調査を十分尽くし、それでも判明しないといった場合であれば、公示による意思表示（民法98条）によって通知を実施するということが、実務対応の1つとしてあり得るものと思われます。

4 経過措置

第三者の弁済の改正については、「施行日前に債務が生じた場合におけるその債務の弁済については、…なお従前の例による」との経過措置が設けられています（改正民法附則25条1項）。ここにおける「施行日前に債務が生じた場合」には「施行日以後に債務が生じた場合であって、その原因である法律行為が施行日前にされたときを含む」とされています（改正民法附則17条1項）。そのため、債務の発生と改正民法施行の先後を基準として、改正民法の規律が適用されるか否かが決せられることになります。

また、債務引受の改正については、「新法第470条から第472条の4までの規定は、施行日前に締結された債務の引受けに関する契約については、適用

208

しない」との経過措置が設けられています（改正民法附則23条）。そのため、改正民法施行後に行われる債務引受について改正民法に基づく規律が適用されることになります。

実務のポイント

　遺産分割成立前における一部の相続人による約定返済金の全額弁済のように第三者の弁済となる場合については、改正民法において、利害関係を有しない第三者の弁済について、その有効性をより確保できるようになりましたが、弁済の有効性をめぐる紛争の発生自体を予防する観点からは、従前どおり債務者の意向確認に努めるべきです。また、免責的債務引受についても、債務者の意向にかかわらず成立させることが認められることが明文化されていますが、債務引受の有効性をめぐる紛争の発生自体を予防する観点からは、やはり従前どおり債務者の意向確認に努めるべきです。

　なお、遺産分割成立前における一部の相続人による弁済の場合、これが第三者の弁済となる場合であっても、自己の債務についての弁済にとどまる場合であっても、その弁済が当然に他の相続人の負担する相続債務について時効を更新させるわけではないことに留意を要します。弁済者以外の相続人の債務についても時効を更新させるためには、各相続人に相続債務を承認してもらうなどの措置が必要となります。

(荒井隆男)

Ⅹ　弁　済

Q37　債権者の担保保存義務

　　貸金債権の債務者から設定を受けている不動産を任意売却することに
よって回収を行うにあたり、保証人との関係で留意すべき点はあります
か。また、保証人との間で締結している保証契約に担保保存義務を免除
する条項が存在する場合としない場合とでは違いはありますか。

A　　　任意売却における売却代金が低廉の場合、担保を減少させたとし
　　　　て、保証人から担保保存義務違反を主張される可能性がありますの
で、市場の相場に照らして妥当と言える代金で売却すべきですし、後々、担
保保存義務違反を主張されることのないよう、保証人から任意売却の実施と
その条件に対する承諾書を徴求しておくことが望ましいと言えます。保証契
約に担保保存義務を免除する条項が備えられている場合であれば、担保保存
義務違反が認められることは基本的に回避できることになりますが、保証人
との紛争の発生そのものを未然に防ぐという観点から、同条項の存否にかか
わらず、保証人から承諾書を徴求しておくべきと言えます。なお、債権者の
担保保存義務に関する改正はこれらの点に影響せず、以上の点は改正の前後
を通じて妥当するものです。

1　債権者の担保保存義務についての改正

⑴　改正前民法における債権者の担保保存義務

　ある債務について債務者以外の第三者が弁済した場合、その第三者は債務
者に対して求償権を取得することになります。そして、この求償権の満足を
確保するために、弁済をした第三者は、債務者について債権者が有していた
権利に求償権の範囲で代位することができます（弁済による代位）。

　改正前民法においては、弁済をするのに正当な利益が認められない第三者

210

が弁済した場合に弁済による代位を認めるには債権者の承諾が必要とされていましたが（任意代位。改正前民法499条）、保証人や物上保証人といった弁済をするのに正当な利益を有する者が弁済した場合には法律上当然に弁済による代位が認められるものとされていました（法定代位。改正前民法500条）。

　このように保証人や物上保証人などの法定代位をなし得る者は、自らが弁済する場合には他の保証人や物上保証人に対して債権者が有していた権利に代位することで自らの求償権を満足させることを期待できる地位にあるところ、債権者が代位の対象となるはずの保証人の保証債務や抵当権などの担保を毀滅していた場合には、その期待が害されてしまうことになります。

　そこで、債権者が故意や過失によって担保を毀滅した場合、法定代位をなし得る保証人などは、債権者が担保を毀滅したことによって求償権が確保できなくなった限度において責任を免れることができるとされていました（改正前民法504条）。債権者としては、このような責任の減免を回避するために、一度把握した担保について故意や過失によって喪失したり減少させたりすることはできない、という担保保存義務が課されるということになります。

(2)　改正民法における担保保存義務

　この債権者の担保保存義務は改正民法においても認められていますが、改正民法における担保保存義務にはいくつかの変更点があります。

　まず、債権者の担保保存義務違反により責任が減免されることになった物上保証人から、担保の目的となっている財産を譲り受けた第三者取得者も担保保存義務違反による減免の効果を主張できることが明記されることになりました（改正民法504条1項後段）。これは、判例法理（最三小判平3.9.3民集45巻7号1121頁）を新たに明文化したものです。

　また、改正民法においては、債権者が担保を喪失または減少させた場合であっても、それが取引上の社会通念に照らして合理的な理由があると認められるときには法定代位をなし得る者の免責は認められないと明記されることになりました（改正民法504条2項）。もっとも、改正前民法においても、担保の喪失や減失について合理的な理由（例えば、債務者が自らの資産に設定した抵当権により十分な保全が見込まれている状況において、資産や収入のなくなってしまった保証人の保証債務を免除するような場合）が認められれ

211

X 弁 済

ば、債権者には過失が認められないことになりますので、この点の改正が実質的な変更をもたらすことはありません。

2 改正の実務影響

前述のとおり、債権者の担保保存義務に関する改正点は、従前の判例法理や運用を明記したにとどまりますので、現在の実務運用に変更をもたらすことはありません。

なお、現在の金融実務においては、債権者の担保保存義務を免除する特約が結ばれることが一般的です。すなわち、金融機関と融資先の取引継続中は、融資先の経営状況の変化などに伴い、担保の差替えや保証債務の免除が行われることがありますが、そのつど、担保保存義務違反を問われないよう、法定代位をなし得る者全員から必ず承諾を得ておかなくてはならないというのでは時宜にかなった対応ができないことになりかねません。そのために、保証約定書や抵当権設定契約書等には債権者の担保保存義務を免除する旨の規定(担保保存義務免除特約)が置かれることが通例となっています。

○保証人に対する担保保存義務を免除する特約の条項例

> 甲(債権者)がその都合により、担保または他の保証もしくは連帯債務について、変更または解除した場合であっても、乙(保証人)は自らの免責を一切主張しないものとします。

この担保保存義務免除特約については、一般論としてこれを有効とする判例がありますが(最一小判昭48.3.1金法679号34頁、最一小判平2.4.12金法1255号6頁)、個別具体的な事情のもとで債権者が同特約の存在を主張することは信義則に反して許されないとした裁判例(東京高判昭54.3.26金法916号36頁、福岡高判昭59.4.26金法1093号44頁)もありますので、いかなる場合であっても担保保存義務免除特約の有効性を前提とするのには危険があります。また、担保の滅失に合理的な理由があり同特約の有効性を問題なく主張できるような場合であっても、その相手方が同特約の存在や内容を明確に認

212

識しているとは限らず、法定代位をなし得る者の認識を欠いたまま、債権者が実際に一部の担保を滅失させた場合には、同特約が存在するとしても、後々の紛争の要因となることが懸念されます。そこで、そのような紛争を予防しておくという観点から、一部の保証人に対する保証脱退の承認や担保不動産の処分などに際しては、可能な限り、法定代位をなし得る者から承諾を得ておくべきです。金融機関における現在の実務運用はそのようになっていますし、今回の改正によって、この実務運用が影響を受けることもないと考えられます。

3 経過措置

債権者の担保保存義務の改正については、「施行日前に債務が生じた場合におけるその債務の弁済については、…なお従前の例による」との経過措置が設けられています（改正民法附則25条1項）。ここにおける「施行日前に債務が生じた場合」には「施行日以後に債務が生じた場合であって、その原因である法律行為が施行日前にされたときを含む」とされています（改正民法附則17条1項）。そのため、債務の発生と改正民法施行の先後を基準として、改正民法に基づく規律が適用されるか否かが決せられることになります。

実務のポイント

債権者の担保保存義務に関しては、改正民法の影響を受けることはないものと考えられます。実務上、通例、導入されている担保保存義務免除特約についても、債権者の担保保存義務についての改正点が影響することはありません。債権者の担保保存義務に関しては、その免除特約の存否にかかわらず、保証脱退の承認や担保不動産の処分などに際して、後日の紛争を予防する観点から、法定代位をなし得る者から承諾書を徴求しておくべきことが、実務における重要な留意点と言えます。

（荒井隆男）

XI

相　殺

Q38　債権譲渡と相殺

　以下の場合において、債務者は、債権の譲渡人に対して有している債権を自働債権とする相殺を譲受人に対して対抗することができるでしょうか。

① 譲渡人が取引先（債務者）に対して有する実行済みの売買に関する売買代金債権の譲渡を受けた譲受人が債務者対抗要件を具備したところ、取引先（債務者）は、譲受人が債務者対抗要件を備える前に既に発生していた売買の目的物の瑕疵（契約不適合）を理由とする損害賠償請求権と譲受人が取得した売買代金債権を相殺したとして、代金の支払を拒絶しました。

② 譲渡人が取引先（債務者）に対して有する将来の売買代金債権の譲渡を受けた譲受人が債務者対抗要件を具備したところ、取引先（債務者）は、対抗要件具備の後に締結した個別の売買契約の目的物に瑕疵があったことに基づく損害賠償請求権と譲受人が取得した売買代金債権を相殺したとして、代金の支払を拒絶しました。

① 取引先は、相殺を対抗し得ると考えられます（改正民法469条1項）。
② 取引先は、相殺を対抗し得ると考えられます（改正民法469条2項2号）。

1　相殺可能な範囲の明確化、拡充

　改正前民法は、債権が譲渡された場合、債務者は、「通知を受けるまでに譲渡人に対して生じた事由」をもって譲受人に対抗できることとしていました（改正前民法468条2項）。しかし、この「通知を受けるまでに譲渡人に対して生じた事由」の範囲は不明確でした。

217

XI 相 殺

例えば、AのBに対する債権をAがCに譲渡した後に、BがCに対して、当該譲渡債権（受働債権）とBのAに対する債権（自働債権）との相殺を主張したという事例で、債務者対抗要件の具備時点で既に相殺適状にある場合には相殺を対抗できるという見解や、自働債権の弁済期が受働債権の弁済期よりも先に到来する場合には相殺を対抗できるという見解が主張されていました。

この点に関し、判例（最一小判昭50.12.8民集29巻11号1864頁）は、債権譲渡の債務者対抗要件が具備される時までに債務者が自働債権を取得している場合、自働債権と受働債権の弁済期の先後を問わず相殺を対抗することができるという、いわゆる無制限説を採用したと考えられていました。もっとも、この判例はやや特殊な事案についての判断であり、債権譲渡と相殺の関係一般についての判例の立場は必ずしも明確ではありませんでした。

そこで、改正民法は、債権譲渡があった場合に、債務者が譲渡人に対して有する反対債権が次のⅰからⅲのいずれかに該当するときには、債務者は当該債権による相殺の抗弁を譲受人に対抗することができるものとし、相殺できる範囲の明確化と拡充を行いました（改正民法469条1項・2項）。

ⅰ 債務者対抗要件具備時より前に債務者が取得した債権
ⅱ 債務者対抗要件具備時より「前の原因」に基づいて債務者が取得した債権
ⅲ 譲受人の取得した債権の発生原因である契約に基づいて債務者が取得した債権

改正民法は、まず、債務者対抗要件の具備前に債務者が取得した債権（ⅰの債権）を自働債権とする場合、権利行使要件の具備時に相殺適状にあることや、自働債権の弁済期が受働債権の弁済期よりも先に到来することを要件とすることなく、当該反対債権による相殺を譲受人に対抗できるものとし（改正民法469条1項）、無制限説の立場を採用することを明確にしました。

また、改正民法は、一歩進んで、債務者対抗要件具備後に取得した債権であっても、債務者対抗要件具備時より「前の原因」に基づいて債務者が取得した債権（ⅱの債権）を自働債権とする場合、当該反対債権による相殺を譲

受人に対抗できるものとしました（改正民法469条2項1号）。

さらに、将来債権の譲渡が広く行われるようになっている実態を踏まえ、債務者の相殺の期待を広く保護する必要性が高いという考慮に基づき、債務者対抗要件具備後に取得した債権であっても、譲受人の取得した債権の発生原因である契約に基づいて生じた債権（iiiの債権）を自働債権とする場合、当該反対債権による相殺を譲受人に対抗できるものとしました（改正民法469条2項2号）。この点につき、後記Q39の場合よりも広い範囲で相殺が肯定されている点に留意が必要です。この規定は、将来債権が譲渡された場合には、譲渡後も譲渡人と債務者との間における取引が継続することが想定される以上、相殺と差押えの場合よりも相殺の期待を広く保護する必要性が高いといった考慮に基づいて設けられています。

2 「前の原因」、「譲受人の取得した債権の発生原因である契約」

どのような債権が、債務者対抗要件具備時より「前の原因」に基づいて債務者が取得した債権や、「譲受人の取得した債権の発生原因である契約」に基づいて生じた債権に該当するかは、解釈に委ねられています。

例えば、賃貸人から将来の賃料債権の譲渡を受けた譲受人は、対抗要件具備後に賃借人が賃貸人に対して有することとなった必要費償還請求権による相殺を対抗されるものと考えられますが、これは必要費償還請求権が譲受人の債務者対抗要件具備時より「前の原因」である賃貸借契約に基づいて賃借人が取得した債権であるためであり、改正民法469条2項1号の適用場面ということになります。他には、譲受人の債務者対抗要件具備時より前の不法行為により対抗要件具備時後に損害が発生することで債務者が取得する譲渡人に対する損害賠償請求権や、譲受人の債務者対抗要件具備時より前に締結された保証契約に基づき対抗要件具備時後に保証債務を履行することにより債務者が取得する譲渡人に対する求償請求権が同号の例として挙げられます（「前の原因」に関する解釈については Q39参照）。

また、本設問のように、将来の売買代金債権の譲渡に対して、その後に締結した個別の売買契約の目的物に瑕疵があったことに基づく損害賠償請求権の相殺が主張される場合、この損害賠償請求権は、「譲受人の取得した債権

XI 相　殺

の発生原因である契約」に基づいて生じた債権なので、同項2号に基づき相殺を対抗することができます。

　もっとも、債務者が債務者対抗要件の具備時より後に他人の債権を取得したことで反対債権を有するに至った場合には、相殺に対する期待は法的保護に値しないため、当該他人の債権が債務者対抗要件具備時より「前の原因」に基づいて生じたものであっても、また、「譲受人の取得した債権の発生原因である契約」に基づいて生じたものであっても、当該他人から取得した債権を自働債権として相殺を対抗することはできません（改正民法469条2項ただし書）。

実務のポイント

　改正民法は、対抗要件具備時より前に原因関係が生じている場合等の相殺の期待を保護すべき一定の場合にも、債務者が相殺の抗弁を譲受人に対抗することを認め、債務者が相殺を主張できる範囲を明確化、拡充しました。この結果、従来、債権譲渡（または債権譲渡担保の設定）時において、譲受人は、主に、譲受債権の債務者が有する既発生の反対債権による相殺の可能性のみを考慮すれば足りていたものと思われるところ、改正民法により、ii およびiii の各債権による相殺の可能性についても考慮する必要が生じた点に留意が必要です。これに対する具体的な対策としては、債権譲渡契約時に慎重にデューデリジェンスをする、あるいはii およびiii の各債権の不存在を譲渡人による表明保証の対象とすること等が考えられます。

（矢田　悠）

Q39 差押えと相殺（差押え前の原因）

　当行の貸付先であるＡ社が返済を怠っているため、当行は、Ａ社が
Ｂ社に対して有する貸金債権を差し押さえました。ところが、第三債務
者であるＢ社は、Ａ社との継続的な売買契約に基づき購入した商品に
瑕疵（契約不適合）があることを原因とする損害賠償請求権と、当行が
差し押さえたＡ社のＢ社に対する貸金債権とを相殺すると主張し支払
を拒絶しています。Ｂ社の主張する相殺は有効なのでしょうか。

A　改正民法は、相殺と差押えの優劣に関し、第三債務者が、差押え
前に取得した債権をもって、受働債権との弁済期の先後を問わず相
殺することができるとする改正前民法下の判例法理を明文化しています。

　一方で、改正民法は、差押え後に取得した債権を自働債権とする相殺に関
して、破産法における相殺権の保護の規律を、差押えと相殺の優劣に関して
も採用し、差押え後に取得した債権であっても「差押え前の原因に基づいて
生じたものであるときは」第三債務者が当該債権による相殺をもって、差押
債権者に対抗できることとしました。

　したがって、本設問の事例においては、Ｂ社の有する損害賠償請求権が差
押え前に生じた場合は有効であり、差押え後に生じた場合は「差押え前の原
因に基づいて」生じているか否かによって、相殺の可否に関する結論が異な
ることになります。

1　改正民法のもとにおける差押えと相殺の優劣（無制限説の維持）

　改正民法は、差押えと相殺の優劣に関し、「差押えを受けた債権の第三債
務者は、差押え後に取得した債権による相殺をもって差押債権者に対抗する
ことはできないが、差押え前に取得した債権による相殺をもって対抗するこ

221

XI 相　殺

とができる」（改正民法511条1項）と規定しています。

　これは、旧法下の判例において確立していた無制限説（最大判昭45.6.24民集24巻6号587頁）を採用することを明確にしたものであり、改正民法のもとでも、自働債権と受働債権の弁済期の先後を問わず、自働債権が受働債権について生じた差押えよりも前に取得されたものである限り、第三債務者が相殺することができるという基本的な規律が維持されることになります。

2　差押え後に取得した債権による相殺（「差押え前の原因に基づいて生じた債権」）

　以上に加え、改正民法は、相殺と差押えの優劣に関し、破産法と同様の相殺権保護の規律を追加し、「差押え後に取得した債権が差押え前の原因に基づいて生じたものであるときは、その第三債務者は、その債権による相殺をもって差押債権者に対抗することができる」とし（改正民法511条2項）、第三債務者が差押え後に債務者に対して債権を取得した場合であっても、これが「差押え前の原因」に基づいて生じたものであれば、相殺することができるとしています。これにより、第三債務者による相殺を差押えに優先させる範囲を、改正前に比較して拡大していると言うことができます。

　どのような事情があれば、この「差押え前の原因」に当たるかということは解釈に委ねられていますが（この点、改正民法下における債権譲渡と相殺の優劣に関する同種の問題があることについては、Q38参照）、例えば、第三債務者が、差押え前の時点で債務者の委託を受けて主債務たる貸金の保証を行い、差押えの後に当該保証を履行することにより求償権を取得したような場合、求償権の発生原因たる保証委託契約が「差押え前の原因」に当たるため、求償権を自働債権とする相殺を差押債権者に対して対抗することができると考えられます。

3　継続的売買取引に基づく損害賠償請求権と「差押え前の原因」

(1)　継続的売買取引に基づく損害賠償請求権による相殺の主張

　本設問の事例のように、商品の売買を行っている事業者が有する債権について差押えを行った場合に、第三債務者たる買主が、購入した商品に存在す

222

る瑕疵（契約不適合）を原因とする損害賠償請求権を自働債権として被差押債権と相殺する旨の主張をすることがあり得ます。

〔図表39〕差押えと相殺（売買目的物の瑕疵を理由とする損害賠償請求権による場合）

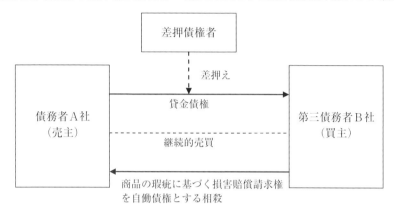

　このような場合、改正民法のもとでは、第三債務者の有する損害賠償請求権が差押え前に取得したものである場合は、改正民法511条1項により相殺を対抗でき、差押えの後に生じたものである場合は、「差押え前の原因に基づいて生じたもの」に当たるときは同条2項により相殺を対抗できることになります。

　そして、本設問の事例において、差押えがなされる前に、債務者A（売主）と第三債務者B（買主）との間で、売買基本契約に基づく個別の売買が実行され、かつ商品の瑕疵（契約不適合）に基づく損害が現実化しているのであれば、第三債務者が差押え前に損害賠償請求権を取得していることになりますから、「差押え前に取得した債権による相殺」（改正民法511条1項）として相殺が認められると考えられます。

(2)　「差押え前の原因」

　対して、個別の売買や商品の引渡しが実行されるのに先行して差押えがなされた場合、差押えの時点においてはいまだ、第三債務者が損害賠償請求権を取得していないため、差押え後に生じた損害賠償請求権が「差押え前の原

XI 相　殺

因」に基づいて生じた債権に当たるか否かによって、相殺の可否の結論を決することになります。

この点、具体的な事案における結論は、自働債権を生じさせた「原因」が、第三債務者の相殺への期待をどの程度基礎付けるものであるかによって分かれることになると考えられます。本設問の事例を念頭に、「差押え前の原因」を最も広く理解すれば、A・B間で売買に関する基本契約が締結されていることがこれに当たると考えることになり、最も狭く理解すれば、個別の売買契約に基づく引渡しまでが実行されていることが必要と考えることになるでしょう。また、両者の中間として、個別の売買契約が締結されていることまでが必要であるとする考え方もあり得ます。

なお、被差押債権が、自働債権たる損害賠償請求権と発生原因を同一とする売買代金債権であった場合は、類型的に観察して、第三債務者の相殺に対する合理的期待を保護する要請が大きいと言えるため、（被差押債権と自働債権の発生原因を異にする）本設問の事例と比較して、「差押え前の原因」に該当すると判断される可能性が高いと考えられます。

実務のポイント

　改正前民法の相殺と差押えの優劣に関する規律は、改正民法のもとでも基本的に維持されており、第三債務者は、差押え前に取得した債権であれば相殺を対抗することができる一方、原則として、差押え後に取得した債権では相殺を対抗することができません。

　もっとも、改正民法は、差押え後に取得した債権であっても、「差押え前の原因」に基づいて取得したものについては、第三債務者が相殺を対抗できるとする規定を新設しています。具体的にどのようなケースにおいて、当該規定に基づく相殺が認められるかについては、改正民法施行後における裁判例等の動向を注視していく必要がありますが、改正前民法に比較して、相殺が差押えに優先する場面が拡がる可能性があるでしょう。

（髙橋泰史）

Q40　預金相殺と差押え・債権譲渡

　当行の預金者の定期預金債権が、預金者の債権者により差し押さえられました。当行は、預金者に対する貸付債権と定期預金債権とを相殺することにより、貸付債権を回収することができますか。貸金の返済を延滞している債務者が、定期預金を第三者に譲渡してしまった場合はどうでしょうか。

A　貸付に係る金銭消費貸借契約において、債務者に対する差押えが期限の利益喪失事由として規定されている場合は、貸付債権の期限の利益を喪失させ、当該債務者の有する定期預金債権とを相殺することができます。また、銀行が相殺の意思表示をする前に、債務者の有する定期預金について債権譲渡がなされた場合でも、銀行は、預金に付されている譲渡制限特約を譲受人に対して対抗できるため、同様に相殺を行うことができます。

1　貸付金と定期預金の相殺

⑴　貸付金の期限の利益の喪失

　銀行が債務者に対する貸付金を自働債権とし、債務者の有する預金を受働債権とする相殺をすることにより貸付金を回収しようとする場合、貸付金と預金の双方が弁済期にあること（相殺適状にあること）が必要です（民法505条1項）。

　そして、銀行が実行する貸付に係る金銭消費貸借契約においては、債務者が（他の債権者から）差押えを受けた場合、貸金に係る期限の利益を当然に喪失することが規定されていることが通常であるため、これにより、貸付金の弁済期が到来することになります。

　なお、期限の利益の喪失条項の効果を前提とする相殺は、本来は貸付金の

225

XI 相　殺

返済期限の到来により生ずべき相殺適状を繰り上げて生じさせる点において
第三者（差押債権者）の利益を犠牲にする側面があるものの、改正前民法下
の判例は、差押えと相殺の優劣に関する無制限説（Q 39参照）の帰結として、
期限の利益喪失条項の効果としての弁済期の到来を前提とする相殺を第三者
（差押債権者）に対抗し得ると判断しており、このことは、改正による影響
を受けません。

(2)　**消費寄託と期限の利益の放棄（改正前）**

　改正前民法のもとでは、銀行が、定期預金の満期到来前の段階で、定期預
金債権を受働債権として相殺することができるかということは、消費寄託の
期限の利益に関する規律を前提として肯定されてきました。すなわち、改正
前民法666条１項が、消費寄託契約に関し、原則として「いつでも返還をす
ることができる」とする消費貸借に関する規定（改正前民法591条２項）を
準用していたことを根拠として、消費寄託契約の性質を有する預金契約に基
づく定期預金の受寄者たる銀行は、期限の利益を放棄して任意の時期に寄託
物（預金）を返還することができると理解されていました。

(3)　**消費寄託と期限の利益の放棄（改正民法）**

a　**消費寄託一般について**

　一方、改正民法は、消費寄託契約一般については、消費貸借に関する条文
を準用しておらず、消費寄託の受寄者による寄託物の返還に関しても、寄託
に関する「返還の時期の定めがあるときは、受寄者は、やむを得ない事由が
なければ、その期限前に返還をすることができない」とする民法663条２項
が適用されることになるため、消費寄託契約に返還時期の定めがある場合、
受寄者は、原則として、約定の返還時期到来前に受寄物を返還することがで
きません。

b　**預貯金契約について**

　もっとも、改正民法666条３項は、消費寄託に関する規定の特則として、「預
金又は貯金に係る契約により金銭を寄託した場合」については、「返還の時
期の定めの有無にかかわらず、いつでも返還をすることができる」とする消
費貸借契約に関する規定を準用しています（改正民法666条３項、591条２
項）。したがって、改正民法のもとでも、銀行による預金相殺に関しては、

満期の到来していない定期預金であっても、銀行の側から「いつでも返還を することができる」ことを前提として期限の利益を放棄し、定期預金を受働 債権として相殺をすることが可能とされています。

なお、改正民法666条3項は、消費貸借について期限前の返済により消費 貸借の貸主に損害が生じた場合に借主がこれを賠償する責任を負う旨を規定 する改正民法591条3項を預貯金契約に準用しているため、銀行が、定期預 金の満期到来前に、定期預金を受働債権とする預金相殺を行ったことによ り、預金者が、相殺実行時から満期までの間の預金利息を収受できなくなる ことが、同条に基づき賠償すべき損害に当たるかということが理論上は問題 となり得ます。しかしながら、預金規定等に、預金相殺がなされた場合には、 相殺実行時までしか付利されない旨が規定されていれば、預金相殺の時点ま でしか利息を得られないことは、もともと預金契約が予定している内容であ るため、預金者に損害は生じていないと考えられます。

(4) まとめ

以上のとおり、改正民法のもとにおいても、定期預金について差押えがな された場合に、貸付金の期限の利益喪失を前提として預金相殺による回収を 図ることができるという結論には変更がありません。

2　預金債権の譲渡がなされた場合

(1)　改正民法における譲渡制限特約の効力にかかる原則（相対的効力）

改正民法は、金銭債権一般に関する譲渡制限特約については、相対的効力 説を採用しており、譲渡制限の付された債権の譲渡であっても、譲受人の主 観にかかわらず有効とした上で（改正民法466条2項）、悪意または重過失の 譲受人との関係においては、債務者が、債務の履行を拒み、譲渡人に対する 弁済等の効力を対抗することができるとしています（同条3項）。さらに、 相対的効力説を前提として、譲渡制限について悪意または重過失の譲受人 が、債務者に対して、相当の期限を定めて譲渡人への履行を催告し、その期 間内に履行がない場合は、譲受人が債務者に対して履行を請求できる旨の規 定を設けています（同条4項）。なお、譲渡制限特約付債権が譲渡された場 合の法律関係については、Q27をご参照下さい。

XI 相　殺

(2)　預貯金債権に付された譲渡制限特約の効力（物権的効力）

　もっとも、改正民法は、預貯金債権に関する特則を設けており、「預金口座又は貯金口座に係る預金又は貯金に係る債権」について当事者がした譲渡制限特約は、「第466条第2項の規定にかかわらず、その譲渡制限の意思表示がされたことを知り、又は重大な過失によって知らなかった譲受人その他の第三者に対抗することができる」と規定しています（改正民法466条の5第1項）。

　これは、預貯金債権に付された譲渡制限特約に関し、改正前民法下と同様の物権的効力を認め、譲渡制限特約について悪意または重過失の譲受人との関係においては、その債権譲渡自体が無効であるとするものです。そして、預貯金について譲渡制限特約が付されている事実の周知性が判例においても承認されていることも前提とすれば、銀行は、従来の実務を維持し、預金について譲渡がなされた場合においても、（譲渡禁止特約について、悪意または重過失の譲受人に対する債権譲渡であるとして）無効と取り扱うことで足ります。

　したがって、本設問後段の事例においても、預金債権の譲渡は無効であるため、銀行は、預金者との関係で相殺をすることが可能です。

　なお、一般の債権譲渡と異なり、預貯金債権に付された譲渡禁止特約には物権的効力が認められるため、銀行が、悪意または重過失の譲受人から（譲渡人（預金者）に対し履行するよう）催告（改正民法466条4項に基づく譲渡人への履行の催告に関する制度については、Q27参照）を受けたとしても、結論に変わりはありません。

228

実務のポイント

　改正民法においては、消費寄託契約一般について寄託に関する条文が準用されており、期限前返還をするためには、やむを得ない事由があることが要件とされているものの、預貯金に関しては、いつでも返還をすることができる旨の特則が設けられているため、改正前民法下と同様、満期前であっても、任意の時期に返還をできることを前提として、定期預金を受働債権とする預金相殺を行うことができます。

　また、改正民法は、預金債権に関し、債権譲渡制限特約一般に採用した相対的効力説に基づく規律の例外として、物権的効力説を採用しているため、預金債権について譲渡が行われた場合についても、従来の実務を変更する必要はありません。

(髙橋泰史)

XI 相 殺

Q41 相殺と充当の順位

　取引先から、返済期限や利息等について異なる条件で複数の借入れを
しています。当社が当該取引先との間の取引に基づき有している売掛金
債権の回収のため、これらの借入れに基づく債務と相殺した場合、どの
ような順序で充当が生じますか。

　また、取引先との間で締結している取引基本契約の中に、相殺の充当
の順序に関する特約がある場合はどうでしょうか。

A　改正前民法は、相殺による充当関係については、弁済による充当
　　　に関する規定を準用している以外には、固有の規定を設けていませ
んでしたが、改正民法により、相殺の充当に関する規定が追加されました。

　具体的には、①複数の自働債権または受働債権が対立関係にある場合にお
いて、相殺の意思表示をする債権者の債権（自働債権）が、債務者に対して
負担する債権（受働債権）の全部を消滅させるに足りないときは、特約のな
い限り、元本相互間で、相殺適状が生じた順序に従って充当が生じること、
②相殺適状が生じた時期を同じくする債権・債務が複数あるときは、（充当
合意がない場合の指定充当を認めず）法定充当が生じること、③相殺の意思
表示をした債権者が負担する債務（受働債権）が、相殺に供した自働債権の
全部を消滅させるに足りないときは、法定充当の規定が準用されることが規
定されています。なお、①・③は改正前民法下における判例法理を明文化す
るものであり、②は改正前民法の判例法理とは異なるルールを設けるもので
す。

　ただし、これらの改正民法に基づく相殺の充当の順序は、いずれも、当事
者間の合意により排除することができますので、当事者間において相殺によ
る充当の順序に関する特約がある場合は、特約の定める順序により充当が生
じることになります。

230

1 弁済充当に関する規律

改正民法のもとにおける相殺に関する充当の順序について理解する前提として、弁済充当の順序に関する民法の規律を踏まえる必要があります。なお、改正民法における弁済充当に関するルールは、基本的に、改正前民法から変更されていません。

(1) 充当の順序が問題となる場面

一般に、弁済の充当の順序が問題となる場面として、債務者が同一の債権者に対して、同種の目的を有する数個の債務を負担する場合（同一の当事者間において、複数の貸付に係る貸金債権が存在するケース）や、同一の債権に基づく給付として数個の請求をなすべき場合（例えば、借入れに基づく約定返済を遅滞し、数カ月分の返済をすべき状況が生じているケース）があります。

(2) 弁済充当に関するルール

a 合意による充当の優先

まず、当事者間に充当に関する合意がある場合は、合意により定めた順序に従って充当が生じます（改正民法490条）。したがって、以下に述べる弁済充当の順序に関する民法の規定はいずれも、当事者間の合意がない場合に、充当の順序を確定させるためのルールであるということになります。

b 元本、利息および費用を支払うべき場合の充当

債務者が1個または数個の債務について、元本のほか利息および費用を支払うべき場合において、債務の全部を消滅させるのに足りない給付が行われたときは、費用、利息、元本の順に充当が生じます（改正民法489条1項）。

c 指定充当

次に、当事者間に同種の給付を目的とする複数の債権が存在する場合において、費用、利息または元本のいずれかのすべてを消滅させるに足りない給付が行われたときは、複数の債権間の充当が生じる順序が、債務者の債権者に対する意思表示による指定により決定し（改正民法488条1項、民法488条3項、改正民法489条2項）、②債務者の指定がないときは、債権者の債務者

XI 相 殺

に対する意思表示による指定により決定するものとされ（民法488条2項・3項、改正民法489条2項）、さらに、③両当事者の指定充当がないときまたは債権者の指定充当に対し債務者が直ちに異議を述べたとき（民法488条2項ただし書参照）は、法定の順序に従った充当（法定充当）が生じるものとされています（改正民法488条4項）。

(3) 法定充当

上記のとおり、当事者間における合意によっても、指定充当によっても、複数の債権間の充当の順序が定まらない場合には、法定の順序に従い充当が生じることになります。民法に定められる法定充当の順序は、次のとおりです（改正民法488条4項）。

① 債務の中に弁済期のあるものと弁済期にないものがあるときは、弁済期にあるものに先に充当する（同項1号）。

② すべての債務が弁済期にあるとき、または弁済期にないときは、債務者のために弁済の利益が多いものに先に充当する（同項2号）。

③ 債務者のために弁済の利益が相等しいときは、弁済期に先に到来したものまたは先に到来すべきものから先に充当する（同項3号）。

④ 債務者のための弁済の利益および弁済期が同じ場合は、各債務の額に応じて充当する（同項4号）。

なお、上記②・③にいう債務者のための「弁済の利益」の多寡は、改正前民法下の判例において、諸般の事情を総合して判断がなされており（最二小判昭29.7.16民集8巻7号1350頁等）、このことは改正民法下においても同様だと考えられます。例えば、利息に差がある場合は利息の高い債務が、担保付きの債務と無担保の債務がある場合は担保付きの債務が、一般には債務者のための弁済の利益が多いと解されています。

2 相殺の充当

改正民法は、相殺の充当の順序について、基本的には、上記の弁済充当に関するのと同様のルールを設けていますが、充当に関する合意がない場合における当事者による指定充当を認めていない点等には違いがあります。

(1) 合意充当

　まず、弁済充当と同様に、債権者と債務者の間に相殺の充当の順序に関する合意がある場合は、その合意に定めるところに従って充当が生じます（改正民法512条1項参照）。

　実務上使用する充当に関する合意をする場合の条項としては、以下のようなものがあり得ます。なお、金融実務においては、この例のように、金融機関が充当の指定をすることができる旨が規定されていることが多く見られますが、これは、あくまでも、当事者間の合意に基づく充当の一形態であるため、後述するように改正民法が相殺に関し指定充当を否定しているからといって、効力を否定されることはありません。

○合意充当の条項例

> 　当社が本件債務を弁済し、または貴社が当社に対する債権と本件債権を相殺をした場合、当社の債務全額を消滅させるに足りないときは、貴社が適当と認める順序により充当することができるものします。

(2) 元本、利息および費用を支払うべき場合の充当

　債務者が一個または数個の債務について、元本のほか利息および費用を支払うべき場合において、相殺をする債権者の有する債権（自働債権）が、受働債権の全部を消滅させるのに足りないときは、費用、利息、元本の順に充当が生じることも、弁済充当の場合と同様です（改正民法512条2項2号、512条の2、489条）。

(3) 相殺適状の生じた順による充当

　次に、当事者間に複数の債権が対立している場合における、債権間における相殺充当の順序を定めるルールとして、「債権者が債務者に対する一個又は数個の債権と、債権者が債務者に対して負担する一個又は数個の債務について、債権者が相殺の意思表示をした場合」は、「債権者の有する債権とその負担する債務は、相殺に適するようになった時期の順序に従って」消滅すると規定されています（改正民法512条1項）。これは、債権相互間で相殺適

XI　相　殺

状が生じた順に充当が生じるとしていた改正前民法化における判例法理（最
一小判昭56.7.2民集35巻5号881頁）を明文化したものです。

⑷　指定充当の否定と法定充当

　改正民法は、従来の判例法理を採用せず、相殺の充当に関しては、当事者
間の合意がない場合における当事者の意思表示による指定充当を認めず、法
定充当が生じるとしていることには留意が必要です。

　前記のとおり、複数の債権が対立している場合には相殺適状の生じた時期
の順に従って相殺の順序が決定されますが、その時期を同じくする債権が複
数あるときは、その複数の債権間における充当の順序がどのように決定され
るかが問題となります。このような場合、改正前民法のもとでは、相殺の充
当に関して弁済充当の規定が準用されていた（改正前民法512条、488条）こ
との帰結として、相殺をする者、相手方の順に充当を指定する権利を有し、
両当事者の指定がないときに初めて法定充当が生じると解されていました
が、改正民法においては、同様のルールは採用されず、（指定充当の余地を
認めず）法定充当が生じるものとされました。

　そして、改正民法512条2項は、相殺の法定充当について弁済充当の規定
（改正民法488条4項2号～4号）を準用しているため、以下の順序で充当が
生じることになります。

①　債務者のために弁済の利益が多いものに先に充当する（同項2号）。

②　債務者のために弁済の利益が相等しいときは、弁済期が先に到来したも
　のまたは先に到来すべきものに先に充当する（同項3号）。

③　債務者のための弁済の利益および弁済期が同じ場合は、各債務の額に応
　じて充当する（同項4号）

実務のポイント

　充当に関する改正前民法のルールは、改正民法においても基本的に維持されています。弁済充当や相殺の充当に関し、当事者間の合意がある場合に、合意に基づく充当が生じるという点には変更がないため、少なくとも、金融取引等、契約に充当に関する定めがなされている類型の取引に関しては、実務に対する影響が生じることは想定されません。

　一方で、事業者間で行われる取引に関しては、必ずしも、充当の順序に関する特約が設けられているわけではないと思われます。そのような場合、複数の債権が対立していた場合における相殺の充当に関しては、改正前民法のもととは異なり、当事者の指定による充当が認められないという範囲においては、実務上の対応に変更が生じる場合があります。

（髙橋泰史）

XII

定型約款

Q42 定型約款に基づく契約解除と債権回収

当社が発行したクレジットカードの利用者が、いわゆる反社会的勢力に該当することが判明しました。カード利用規約上の暴力団排除条項に基づき、当該利用者との間のカード利用契約を解除した上で、カード利用に係る債権を回収することができますか。また、回収することができるとして、回収にあたり留意すべき事項はありますか。

A 改正民法は、新たに定型約款という概念を設け、当事者が定型約款を契約の内容とする旨の合意をした場合等には、当事者が当該定型約款の個別条項についても合意したものとみなす旨を規定し、一定の要件のもとで、定型約款の内容が当事者間の合意に組み入れられる効果を有することを明確にしています。

そして、一般に、クレジットカード利用規約は、改正民法に定義される定型約款に該当すると考えられますので、当事者間で利用規約を契約の内容とする旨の合意がなされている場合、利用規約に含まれる個別の条項は、クレジットカード事業者と利用者の間で成立したクレジットカード利用に係る契約の内容を構成することになります。この場合、クレジットカード利用規約に含まれている暴力団排除条項を、反社会的勢力に該当する利用者に適用することにより、カード利用規約を解除し利用代金の回収を図ることができます。

なお、改正民法は、定型約款の条項であっても、信義則に反して相手方の利益を一方的に害すると認められる不当条項については、合意をしなかったものとみなすとしていますが、暴力団排除条項については、その目的にかんがみ、定型約款への組入れが否定されることはないと考えてよいでしょう。

また、暴力団排除条項の適用対象となる債務者については、これに正当な理由なく利益供与する場合、各都道府県で制定された暴力団排除条例に抵触

239

XII 定型約款

する可能性がありますので、期限の利益の許与や債務免除をするにあたっては この点への留意が必要となります。

1 改正前民法下における約款の位置付け等

改正前民法においては、約款（普通取引約款）に関する条文は設けられていませんでしたが、契約の大量処理の必要性から用いられてきた約款の効力を認める見解が一般的であり、判例においても、保険約款に関する事例において約款の効力が承認されてきました（大判大4.12.24民録21輯2182頁）。企業における契約に関しても、例えば、銀行取引、保険契約、運送契約等に関する取引については、約款の条項の拘束力が有効に認められることを前提として、約款を利用した実務が広く定着しています。

一方で、約款の拘束力を説明するための理論的な根拠や、約款として取り扱う範囲をどのように画するかということについては、複数の立場があり、必ずしも一義的な理解が確立していたわけではありません。

この点、約款の拘束力の根拠に関しては、当事者が約款によって契約する意思を持っていたことが推定されるとする意思推定説、商慣習を拘束力の源泉とする商慣習説、当事者が約款の内容を契約に組み入れる旨の合意をしていることに根拠を求める契約説、およびこれらの考え方を組み合わせた多元説等が主張されています。約款の定義についても、おおむね、多数の契約に用いられるためにあらかじめ定式化された契約条項の総体が、議論の念頭に置かれていますが、より広く取引に用いる契約書のひな型等を含める立場もあるなど、その細部において差異があります。

2 改正民法における規律

(1) 定型約款の定義

改正民法548条の2第1項は、定型取引を、①「ある特定の者が不特定多数の者を相手方として行う取引であって」（不特定多数性の要件）、②「その内容の全部又は一部が画一的であることがその双方にとって合理的なもの」（画一性の要件）と定義した上で、定型約款を、③「定型取引において、契

240

約の内容とすることを目的としてその特定の者により準備された条項の総体をいう」と定義しています。

この定義に照らせば、少なくも、預金規定、生命保険約款、ソフトウェアの利用規程などは、一般に定型約款に該当することになると考えられます。対して、例えば、住宅ローンに係る金銭消費貸借契約等は、個々の利用者ごとに個別に契約条項が検討される実態にかんがみ、不特定多数性の要件（上記①）または画一性の要件（上記②）を欠くため、改正民法が定義する定型約款には該当しないと考えられます。

⑵　**定型約款が契約の内容を構成するための要件**

改正民法548条の２第１項は、定型約款を契約の内容とする旨の合意をすること、または定型約款を準備した者があらかじめその定型約款を契約の内容とする旨を相手方に表示することを要件として、定型約款の個別の条項が定型取引に関する合意とみなされるものと定めています。

⑶　**例外的に定型取引に関する合意とはみなされない場合**

定型約款の個別の条項が、当事者がその内容を具体的に認識していなくとも、定型契約の内容に組み入れられ得ることに照らし、社会的に不相当な条項までもが無制限に契約の内容を構成するものとすれば、個別の場面で不当な事態を招きかねません。

そこで、改正民法548条の２第２項は、定型約款の条項であっても、「相手方の権利を制限し、又は相手方の義務を加重する条項であって、その定型取引の態様及びその実情並びに取引上の社会通念に照らして第１条第２項に規定する基本原則に反して相手方の利益を一方的に害すると認められるものについては、合意をしなかったものとみなす」と規定しています。これにより、定型約款を用いて行う取引に関する事情に照らし、社会通念上不当と評価される定型約款の条項については、（組み入れられた上で信義則等の一般原則の適用により効力が否定されるわけではなく）そもそも契約の内容に組み込まれないことになります。

241

XII　定型約款

3　クレジットカードと暴力団排除条項

⑴　クレジットカード利用規約の定型約款該当性

　本設問の事例にあるクレジットカード事業者の提供するカード利用契約は、不特定多数性の要件、画一性の要件を満たすと考えられますので、事業者が、利用者との間の契約に適用するために準備した利用規約等は、一般に、改正民法に定義される定型約款に該当します。

⑵　カード利用約款の組入れ

　また、カード利用申込みの際に作成される申込書等には、例えば、「利用規約を承認の上、申し込みます」などの表現により、利用者が、事業者の作成する利用規約に従って契約を締結する旨が明示されていることが一般です。このような形態で契約が締結される限り、当事者間において、定型約款たるカード利用規約を契約の内容とすることが合意されていると言うことができ、改正民法548条の2により、利用規約の個別の条項についても合意したものとみなされることになります。

⑶　暴力団排除条項の適用

　クレジットカード事業者が準備するカード利用契約にかかる定型約款には、利用者が反社会的勢力等に該当する場合には、事業者が当該利用者との間の会員資格を取り消すことができることや、その場合に、利用者がカード利用に係る利用代金の期限の利益を当然に喪失する旨の条項（以下「暴力団排除条項」といいます）が規定されていることが通常です。

　この点、前述のとおり、一般的な態様で締結されたカード利用契約については、定型約款たる利用規約の個別の条項が組み入れられるため、その一環として、カード利用契約の中の暴力団排除条項も、個別の利用者との関係で一律に適用されることになります。したがって、利用者が、暴力団排除条項が対象とする反社会的勢力に該当する場合には、同条項を適用し、カード利用契約を解除した上で、カード利用代金を請求することができます。

　なお、暴力団排除条項の目的は、反社会的勢力の経済活動ないし資金獲得活動を制限し、これを社会から排除して、市民生活の安全と平穏を図ることなどにあり、現在では、その必要性や正当性が一般に承認されていると言えるため、暴力団排除条項が、改正民法548条の2第2項に規定される不当条

項として契約への組入れを否定されることはないと考えられます。

4 暴力団排除条項の適用対象となる債務者に対する債権の管理回収上の留意点

　現在、全国の自治体において暴力団排除条例が施行されており、同条例においては、事業者による暴力団員等に対する利益供与が禁止されていることが一般的です。そのため、暴力団排除条項の適用対象となる債務者に対する債権の管理回収にあたっては、暴力団排除条例との抵触に絶えず留意すべきことになります（なお、金融庁による各種の監督指針においても、債権者には暴力団員をはじめとする反社会的勢力への利益供与にならないよう配慮することが求められています）。具体的には、暴力団員である債務者について、改めて期限の利益を許与したり、遅延損害金を免除したり、消滅時効を完成させたりするような場合に、これらが暴力団排除条例等において規制されている利益供与に該当しないかが問題となります。

　この点、警察庁刑事局組織犯罪対策部暴力団排除対策官（当時）は、平成26年2月21日に一般社団法人全国サービサー協会主催のコンプライアンス研修会において、「サービサーにしろ、金融機関にしろ、通常業務の一環として、すなわち暴力団以外の債務者に対するのと同様の基準で対応した結果として暴力団員相手に債務免除等をしたとしても、（東京都暴力団排除条例24条3項の）ただし書で言う「その他正当な理由がある場合」に該当するということで、勧告対象にはならないと考えるべきです」と、通常の債務者の場合と同様の基準による取扱いであれば利益供与禁止規定の違反は問われない旨の見解を明らかにされていますので（今村智仁「暴力団排除条例とサービサー業務について」『研修報告テキスト〈第16分冊〉サービサーの業務運営読本IV〜4号帳簿・申請／届出・立入検査・暴排条例とサービサー業務〜』（一般社団法人全国サービサー協会、2014年）153頁）、かかる見解に則り、暴力団である債務者に対しても、通常の債務者に対するのと同様の基準で対応していくというのが現実的な対応方針の1つであると考えられます。

XII 定型約款

実務のポイント

　改正民法においては、定型約款に関する規律が、新たに明文化されています。預金規定、保険約款やクレジットカード利用規約等は、定型約款に該当することが一般であり、改正民法下においては、定型約款に関する条文（改正民法548条の2〜548条の4）の適用を受けることになります。

　定型約款が、契約に組み入れられるための要件は、従来の約款を用いた契約実務における一般的な取扱いから特段の変更を求めるものではありませんが、事業者においては、取引に利用している規約等が、定型約款に該当するか否か、該当する場合には改正民法における組入要件を満たす態様で契約の締結がなされているか否か等を、念のため確認しておく必要があるでしょう。

　また、暴力団排除条項の適用対象となる債務者に対する債権の管理回収にあたっては、暴力団排除条例等を遵守する観点から、債務者を不当に利することのないよう、通常の債務者の場合と同様の基準で対応していくことへの留意が必要となります。

（髙橋泰史）

Q43 変更後の定型約款に基づく債権回収

　当行の提供するカードローン利用者が反社会的勢力に該当することが判明したため、利用規約の暴力団排除条項を適用し、実行済みのローンを回収したいと考えています。当社は、当該利用者からカードローン利用の申込みを受けた後の時点で、利用規約に暴力団排除条項を追加する変更をしたのですが、この場合でも、当該条項を適用することに支障はないでしょうか。また、そのほかに、利用規約の変更に関して留意すべき点が何かありますか。

A　改正民法は、定型約款という概念を新たに設け、定型約款準備者である事業者が、相手方との間の個別合意によらずに定型約款を変更するための要件として、変更が相手方の一般的な利益に適合する場合のほか、変更に係る事情に照らして合理的なものであるときは、所定の方法により周知することにより、事業者が、定型約款を有効に変更することができると定めています（改正民法548条の４）。

　カードローンの利用規定に暴力団排除条項を追加する旨の変更は、通常は合理的な内容の変更であるとの評価を受けると考えられますので、定型約款を変更する旨、変更後の定型約款および効力発生時期を、変更の効力発生時前にインターネット等で周知することにより、かかる変更を有効に行うことができ、変更前に契約をした利用者に対しても、追加した暴力団排除条項を適用することができます。

　また、このような方法により、定型約款を変更することがある旨が定型約款の中に規定されているか否かが、変更の合理性を判断するための事情として考慮されることがあり得るため、定型約款を利用する事業者は、将来の変更に備え、かかる規定を設けておくことが望ましいでしょう。

245

1 改正前民法下における約款変更と既存の契約相手方への適用

改正前民法には、約款に関する規定は存在せず、事業者が約款を変更し変更後の約款を既存の取引相手との間で適用することの適否や、どのような場合に有効に変更することができるかという問題は解釈に委ねられていました。

この点、変更後の約款を既存の契約相手方に対して適用することができるかという問題について判断した裁判例として、銀行の預金取引約款に関し、相手方（預金者）との預金取引締結後に追加した暴力団排除条項に基づく預金契約の解除が有効であると判断した福岡高判平28.10.4（金法2052号90頁。最三小決平29.7.14により上告棄却・上告受理申立却下〔確定〕。以下「福岡判決」といいます）を挙げることができます。福岡判決は、預金契約は、定型の取引約款により契約関係を規律する必要性が高く、合理的な範囲において変更されることも契約上当然に予定されているという取引の性質を指摘した上、暴力団排除条項が公益的な目的を有すること、暴力団排除条項を遡及適用されることの不利益は限定的であり適用を受けることとなった預金者は暴力団等から脱退することによって不利益を回避することができる等の事情を総合考慮し、預金者との間の預金契約締結後に預金規定に追加した暴力団排除条項に基づく預金契約の解除も有効であると判示しています。福岡判決が着目している暴力団排除条項の目的や相手方の不利益の程度等といった事情は、改正民法の条文を前提として約款変更の有効性を判断する場合でも同様であると考えられるため、改正民法の施行後における実務を検討する上でも、参考にすることができるでしょう。

2 改正民法における定型約款の変更に関するルール

改正民法は、定型約款に関する規律（改正民法548条の2〜548条の4）を新たに設け、定型約款を有効に変更するための要件についても規定しています（改正民法548条の4）。

(1) 変更の実体的要件

改正民法548条の4第1項は、定型約款の変更に関する実体的な要件とし

て、①「定型約款の変更が、相手方の一般の利益に適合するとき」（同項1号）、または②「定型約款の変更が、契約をした目的に反せず、かつ、変更の必要性、変更後の内容の相当性、この条の規定により定型約款の変更をすることがある旨の定めの有無及びその内容その他の変更に係る事情に照らして合理的なものであるとき」（同項2号）と規定しています。

そして、本設問の事例のような暴力団排除条項の追加は、契約相手方にとって不利に作用し得る内容の変更であるため、上記②の要件に照らして変更の有効性が判断されることになると思われます。この点、福岡判決が、預金規定の暴力団排除条項について判示している暴力団排除条項の必要性、目的、相手方の受ける不利益の程度等に関する事情等は、カードローン契約に関しても同様の評価が妥当すると考えられることからすれば、カードローンの利用規約に暴力団排除条項を追加する旨の変更は、定型約款変更に関する改正民法の規定との関係においても、契約をした目的に反しておらず、かつ変更の内容が合理的であると評価でき、実体的要件を充足するものと考えられます。

なお、改正民法548条の4第1項2号は、定款変更の合理性を判断するための基礎となる事情として「定型約款の変更をすることがある旨の定めの有無」を例示しているため、裁判実務上も、定款にかかる定めが置かれているか否かが、定款変更の有効性を判断するための1つの事情とされることが想定されます。

(2) 変更の手続的要件

次に、改正民法548条の4第2項は、定型約款の変更の手続的要件として、「定型約款準備者は、前項の規定による定型約款の変更をするときは、その効力発生時期を定め、かつ、定型約款を変更する旨及び変更後の定型約款の内容並びにその効力発生時期をインターネットの利用その他の適切な方法により周知しなければならない」と規定しています。また、本設問のような、契約相手方にとって不利益となり得る変更を行うためには、効力発生時期が到来するまでにこのような周知を行う必要があります（改正民法548条の4第3項）。

以上から、本設問の事例においても、かかる手続的要件を充足することに

XII 定型約款

より、利用規約を変更し、変更により追加した暴力団排除条項を、既存の利用者に適用することができます。

(3) 経過措置

改正民法の定型約款に関する規定については、「施行日前に締結された定型取引（新法548条の2第1項に規定する定型取引をいう。）に係る契約についても、適用する。ただし、旧法の規定によって生じた効力を妨げない」とする経過措置が設けられています（改正民法附則33条1項）。これにより、施行日前に締結した契約に関する定型約款であっても、改正民法の施行後は、原則として、定型約款の変更に関し、改正民法に基づく上記(1)および(2)のルールの適用を受けることになります。

ただし、「契約の当事者の一方（契約又は法律の規定により解除権を現に行使できる者を除く。）により反対の意思の表示が書面でされた場合（その内容を記録した電磁的記録によってされた場合を含む。）には」、（改正民法附則33条1項の規定を）「適用しない」との規定（同条2項）が設けられているため、解除権を現に行使することができない立場にある契約の相手方から、改正民法施行日前に、反対の意思表示がなされた場合、当該相手方との間では、改正民法の定型約款に関するルールが適用されません。

もっとも、前述のとおり、約款変更の有効性に関する判断の枠組みは、改正前民法施行の前後において大きく異ならないと考えられるため、改正民法に基づく要件を充足する場合は、改正民法の適用されない相手方との関係においても有効と認められるケースがほとんどであると考えられます。したがって、改正民法が適用される顧客とされない顧客とを厳格に区別して約款変更の管理を行う現実的な必要性が生じることは、通常は想定されないと考えられます。

実務のポイント

　改正民法においては、定型約款の変更に関する要件が明文化されており、定型約款に該当する規約等の変更は、改正民法の規律を受けることになります。

　改正民法に基づく定型約款に関する規定は、改正前民法のもとにおける実務に大きな変更を生じるものではないと考えられますが、約款を利用する事業者においては、従来の約款変更の実務が、改正民法に規定される要件を満たした態様となっているかを確認しておく必要があるでしょう。

（髙橋泰史）

XIII

取引先等の倒産と債権回収

Q44　債務者の法的倒産手続における集合債権譲渡担保の取扱い

　貸付金の担保として債務者から集合債権譲渡担保の設定を受けています。債務者について法的倒産手続が開始された場合、集合債権譲渡担保はどのように取り扱われますか。

A　集合債権譲渡担保の対象が譲渡制限特約のない債権である場合、別除権として破産手続および民事再生手続の外で行使することが可能です。譲渡制限特約付債権である場合、破産手続では供託請求を行うことによって回収することが必要であり、民事再生手続では、平時において譲渡制限特約付債権から債権回収をする場合と同様の立場に置かれます。また、譲渡制限特約の有無にかかわらず、会社更生手続においては担保権の行使が禁じられます。

1　法的倒産手続と集合債権譲渡担保

　（集合債権譲渡担保の一般的な説明についてはQ31をご参照下さい。）

　初めに、法的倒産手続固有の特殊性をいったん措いて、集合債権譲渡担保の回収局面での一般的な取扱いについて確認します。

　集合債権譲渡担保の設定契約では、譲渡担保権設定者の経営が思わしくなく、期限の利益を喪失した場合、譲渡担保権設定者は担保契約で認められていた担保対象債権の取立権限を失い、代わりに担保権者が取立権限を行使する旨が定められていることが一般的です（再建型倒産手続を中心にかかる規定の有効性について議論がある点に留意が必要ですが、以下では、一応、この規定が有効であることを前提に議論します）。

　そうすると、期限の利益喪失時には、譲渡担保権の対象が譲渡制限特約が付されていない債権（以下「無特約債権」といいます）の場合、譲渡担保権

253

XIII 取引先等の倒産と債権回収

者は、担保権を実行して第三債務者から直接に債権を回収することで優先弁済を実現できることになります。これに対して、譲渡制限特約付債権に譲渡担保権が設定されていた場合も、譲渡担保権設定者が担保対象債権の取立権限を失う点は同様ですが、改正民法では、第三債務者は、譲渡制限特約について悪意・重過失の譲渡担保権者からの履行請求を拒絶することができる（改正民法466条3項）ため、このような譲渡担保権者は、第三債務者が任意に弁済をしてこない限り、第三債務者から債権を直接回収することはできず、あくまで譲渡担保権設定者を介して債権回収を図れるのみということになります。

　破産手続をはじめとする法的倒産手続は、期限の利益喪失事由の最たるものですので、法的倒産手続の中での集合債権譲渡担保の取扱いも、基本的に上記の取扱いに準じて考えることになります。もっとも、改正民法に破産手続時の譲渡制限特約付債権についての特則が設けられ、また、倒産法（破産法、民事再生法、会社更生法）上、担保権の取扱い一般について特則が設けられていることから、上記の取扱いは一部変容することになります。以下、法的倒産手続の種類ごとに見ていきます。

2　破産手続における取扱い

(1)　無特約債権の場合・譲渡制限特約について善意・無重過失の場合

　破産手続において、譲渡担保権者は別除権者として取り扱われるため（破産法2条9項参照）、譲渡担保権設定者に破産手続が開始した後でも、譲渡担保権は、手続外で行使することができます（破産法65条）。

　したがって、無特約債権について、譲渡担保権者が担保権を実行して当該債権を第三債務者から直接回収することは、破産手続により制限されません。譲渡制限特約付債権で、譲渡担保権者が当該譲渡制限特約について善意・無重過失の場合も同様です。

　なお、仮に譲受人が担保権を実行しないうちに、破産管財人が第三債務者から弁済金を受領した場合、譲渡担保権者が有する弁済金の引渡請求権は不当利得返還請求権の性質を有するため、当該債権は財団債権に該当すると解されます（破産法148条1項5号）。財団債権は破産手続によらないで随時弁

254

済を受けることが許されますが（破産法2条7項）、破産財団が財団債権の総額に満たない場合、各財団債権は割合的な弁済を受けるにとどまる点には留意が必要です（破産法152条1項本文）。

(2) 譲渡制限特約について悪意・重過失の場合

これに対し、譲渡制限特約付債権で、譲渡担保権者が当該譲渡制限特約について悪意・重過失の場合については、破産手続開始前と同様、直接回収を行うことはできません。

したがって、この場合には、いったん、破産管財人に第三債務者から弁済金を受領してもらい、譲渡担保権者が財団債権（不当利得返還請求権）を有するものと整理して（破産法148条1項5号）、破産手続によらないで随時弁済を受けることが考えられます。

もっとも、上記(1)のとおり、破産財団が財団債権の総額に満たない場合、各財団債権は割合的な弁済を受けるにとどまります。譲渡制限特約付債権については常にこのような「割合的弁済しか受けられないリスク」にさらされるのだとすると、譲渡制限特約付債権の譲渡を可能とし、債権譲渡による資金調達を促進しようとした民法改正の意義が薄れることになります。そこで、改正民法は、譲渡人に破産手続開始の決定があった場合、譲渡制限特約付金銭債権の全額を譲り受け、第三者対抗要件を備えた譲受人（譲渡担保権者）は、悪意・重過失であっても、第三債務者に対して債権全額の供託を求めることができ、譲受人は、供託金から当該債権の回収を行うことができるとしました（改正民法466条の3）。したがって、この供託請求を行うことによって、実質的に第三債務者からの直接回収に準じた優先的な回収が可能となります。

3　民事再生手続における取扱い

再生手続においても譲渡担保権者は別除権者として取り扱われるため（民事再生法53条1項参照）、無特約債権について、譲渡担保権者は担保権を実行して第三債務者から債権を直接回収することができます（同条2項）。譲渡制限特約付債権で、当該譲渡制限特約について善意・無重過失の場合も同様です。

XIII 取引先等の倒産と債権回収

他方、譲渡制限特約付債権で、当該譲渡制限特約について悪意・重過失の場合について、改正民法は破産手続における供託請求のような特段の規律を設けていないため、第三債務者は原則どおり譲渡人に対し弁済を行えば足ります。したがって、譲渡担保権者が担保権を実行して譲渡制限特約付債権を直接回収できるのは、特約の存在にもかかわらず第三債務者が任意に弁済に応じた場合に限られるなど、基本的に、平時において譲渡制限特約付債権から債権回収をする場合（Q27参照）と同様の立場に置かれます。

譲渡担保権者による直接回収が行われず、再生債務者である譲渡担保権設定者が第三債務者から弁済金を受領した場合、担保契約に従い譲渡担保権設定者が取立権限を喪失しているとすると、破産手続の場合と同様の理由から弁済金の引渡請求権は共益債権に該当すると解されます（民事再生法119条6号。部会第89回議事録23頁〔中井康之委員・松尾博憲関係官発言〕）。共益債権は再生手続によらないで随時弁済を受けることが許されます（民事再生法121条1項）。

なお、再生手続や次に説明する更生手続に関しては破産手続の供託請求と同様の制度は設けられていません。制度上は、破産手続における財団不足と同様の問題は再生手続や更生手続でも生じ得ますが、相対的にリスクが少ないことが考慮されているものと思われます。

4　会社更生手続における取扱い

会社更生手続において、譲渡担保権者は更生担保権者（会社更生法2条10項）として扱われ（最三小判昭57.3.30民集36巻3号484頁）、担保権の実行を禁止（会社更生法50条1項）されます。したがって、譲渡担保権者は、直接債権を取り立てることはできず、当該債権が更生会社に弁済されたとしても弁済金を手続外で被担保債権に充当することはできません。譲渡担保権者は、更生計画による弁済を待つことになります。

5　法的倒産手続開始前に回収された弁済金の取扱い

以上、法的倒産手続開始後に弁済金を回収する場合の取扱いについて説明しました。それでは、譲渡制限特約付債権の譲渡担保について、譲渡担保権

256

者が法的倒産手続前に担保権を実行したところ、譲渡担保権設定者が第三債務者から弁済を受領した後、その回収金を譲渡担保権者に引き渡す前に法的倒産手続が開始された場合に、譲渡担保権者が譲渡担保権設定者に対して有する回収金引渡請求権はどのように取り扱われるのでしょうか。

　これは、コミングリングリスクと呼ばれる問題であり、基本的に、この場合の回収金引渡請求権は法的倒産手続開始前の原因に基づく債権と言わざるを得ず、債権カットの対象となる倒産債権（破産債権、再生債権、更生債権）に該当するものと考えられます。したがって、譲渡担保権者がこれらについて優先弁済を受けることはできないものと考えられます（ただし、譲渡担保権設定者のもとで、弁済金について譲渡担保権者のための信託が成立していると言えるような特殊な場合については、譲渡担保権者の回収金引渡請求権は譲渡担保権設定者の倒産から隔離されているとの主張が可能となる余地もあるものと思われます（公共工事前払金について信託の成立を認めた最一小判平14.1.17民集56巻1号20頁、商事留置権が及ぶ手形の取立金について留置を認めた最一小判平23.12.15民集65巻9号3511頁等）。

実務のポイント

　今回の民法改正における譲渡制限特約付債権の債権譲渡の原則有効化の目的の1つに、ABL（Asset Based Lending）の活用の促進があるとされています。こうしたことから、今後、ますます集合債権譲渡担保の利用は促進されていくものと考えられます。もっとも、以上で見てきたとおり、譲渡制限特約付債権の法的倒産手続の中での取扱いには、（そうでない債権に比べて）複雑な面もあるため、債権者としては、十分な理解のもとに対応する必要があります。

　　　　　　　　　　　　　　　　　　　　　　　　　　　　（矢田　悠）

XIII 取引先等の倒産と債権回収

Q45 詐害行為取消権と否認権

取引先の信用不安により売掛金の回収に懸念が生じています。この取引先が、所有不動産を第三者に譲渡したり、当社以外の債権者に対してだけ返済をしたりしている疑いがあります。取引先の行為について、当社が詐害行為取消権を行使する場合と、取引先に破産手続が開始した後に破産管財人が否認権を行使する場合とでは、取消しや否認の対象となり得る行為の範囲に違いがあるのでしょうか。

A 改正民法は、民法に基づく詐害行為取消権に関して、債務者の法的倒産が生じた際に行使される否認権との連続性を確保する観点から、否認権に関する倒産法上の規律と同様の規律を導入し明文化しています。具体的には、改正前民法のもとで、否認権と詐害行為取消権との場合で行使の対象となり得る行為の範囲に差が生じていた、相当の対価を得てした財産の処分、特定の債権者に対する債務消滅行為、非義務行為を対象とする詐害行為取消権の行使に関する要件が、否認権に関する規定と平仄を合わせる形で明文化されており、その結果として、詐害行為取消権と否認権は、基本的に同様の範囲の行為を対象とする整合的な制度となっています。

1 詐害行為取消権と破産法上の否認権の整合性

　詐害行為取消権は、債務者の行為を取り消すことにより、債務者の一般財産を回復する制度です。そして、破産法上の否認権制度も、破産手続開始前に行われた破産債権者を害する行為の効力を否認し逸出した一般財産の回復を図るという点では、詐害行為取消権と類似の機能を果たすものと言うことができます。

　この点、改正前民法に基づく詐害行為取消権行使の要件に比較すると、破

258

Q45　詐害行為取消権と否認権

産法に基づく否認権行使の要件は、個別の類型ごとに明確化され限定されていたため、平時において債権者が行使する詐害行為取消権の対象となる行為の範囲が、破産手続の場面において破産管財人が行使する否認権の対象となる行為の範囲よりも広いという制度間の矛盾（いわゆる「逆転現象」）が生じていました。

　そこで、改正民法においては、2以下に述べるとおり、詐害行為の類型ごとに特則が設けられ、破産法に基づく否認権制度と整合的な要件が明文化されています（各類型の詐害行為取消権の行使に関する詳細は、Q12～Q17参照）。

2　対価を得てした財産の処分行為

　債務者が、対価を得て財産を処分する行為は、その対価が相当である限り、論理的には、当然に債務者財産の減少を生じるわけではありませんが、改正前民法下における判例は、不動産を相当な価格で処分する行為についても、債務者の資産たる不動産が債権者にとって把握困難な現金に代わってしまうという質的な変更を生じる点に着目し、原則として詐害行為となり得るとする立場を採用していました（大判明44.10.3民録17輯538頁）。

　これに対して、否認権は、相当の対価を得てなされた財産処分を原則としてその対象としておらず、限定された要件を満たす場合にのみ対象とするものとされていることから（破産法161条参照）、否認権よりも詐害行為取消権の対象とする行為の範囲が広くなる逆転現象が生じているとの指摘がなされていました。

　そこで、改正民法424条の2は、詐害行為取消権についても、破産法上の否認権と同様の枠組みを採用し、相当の対価を得てした財産の処分行為が、原則として詐害行為取消しの対象とはならないものとし、例外的に、①当該行為が、不動産の金銭への換価その他の当該処分による財産の種類の変更により、債務者において隠匿、無償の供与その他の債権者を害することとなる処分をするおそれを現に生じさせるものであること、②債務者が、その行為の当時、対価として取得した金銭その他の財産について、隠匿等の処分をする意思を有していたこと、③受益者が、その行為の当時、債務者が隠匿等の

259

XIII　取引先等の倒産と債権回収

処分をする意思を有していたことを知っていたこと、という 3 つの要件のすべてを満たした場合に限り、取消しの対象となるものとすることにより、「逆転現象」を解消しています。

3　特定の債権者に対する担保提供・債務消滅行為

⑴　債務消滅行為等

改正前民法下における判例法理は、債務者が特定の債権者に対してのみ弁済する行為を、原則として詐害行為に当たらないとしつつ、債務者が弁済を受ける債権者と通謀し、他の債権者を害する意図を有していた場合には、詐害行為として取り消し得るとしていました。

これに対して、破産法上の否認権に関しては、債務者について支払不能が生じた後、または破産手続開始の申立てがなされた後になされた債務消滅行為のみを対象とすることが明文で規定されているため（破産法162条 1 項参照）、詐害行為取消権が、債務者の支払不能等を要件としない点において、その対象とする行為の範囲が否認権より広くなる逆転現象が生じていました。

そこで、改正民法424条の 3 第 1 項は、債務者がした既存の債務を消滅させる行為について、①その行為が、債務者が支払不能（債務者が、支払能力を欠くために、その債務のうち弁済期にあるものにつき、一般的かつ継続的に弁済することができない状態）の時に行われたものであること（同項 1 号）、②その行為が、債務者と受益者とが通謀して他の債権者を害する意図をもって行われたものであること（同項 2 号）、という 2 つの要件を満たす場合に限り、詐害行為となることを明確に規定しました。また、同項は、債務者がした既存債務についての担保の供与も、同様の要件のもとで、詐害行為取消権の対象となることを規定しています。

この改正は、詐害行為取消権に関し、債務消滅行為等の時点における債務者の支払不能の状態を要件とする点で否認権と同様の枠組みを採用し、かつ債務者と受益者との間の通謀を要件とすることにより、否認権に比較して行使要件を加重したものと言うことができます。

⑵　非義務行為

以上に加え、改正民法424条の 3 第 2 項は、債務者の行った債務消滅行為

260

や担保提供が、「債務者の義務に属せず、又はその時期が債務者の義務に属しないものである場合」には、①その行為が、債務者が支払不能になる前30日以内に行われたものであること（同項1号）、②その行為が、債務者と受益者とが通謀して他の債権者を害する意図をもって行われたこと（同項2号）という要件の双方を満たす場合には、詐害行為取消しの対象となると規定しています。

　これは、否認権行使の要件（破産法162条1項・2項参照）との整合性を図り、義務に基づかない債務消滅行為（代物弁済、期限前返済等）や担保の供与について、詐害行為取消しの対象となる行為の時間的な範囲を、債務者に支払不能の生じる前の30日の範囲に拡張した上で、債務者と受益者の間の通謀という要件を加重するものです。

実務のポイント

　改正民法においては、詐害行為取消権の対象となる債務者の行為の範囲等が明確化されており、否認権に関する制度との関係で生じていた「逆転現象」が解消されるなど、倒産時における否認権の範囲との整合性が図られています。

　具体的には、対価を得て行われた財産処分、債務消滅行為、特定の債権者に対する担保設定行為等を対象とする詐害行為取消権行使の要件が、改正前民法に比較して、限定されています。これにより、債権者が詐害行為取消しを行使することができる場面が、改正前民法と比較して、一定程度限定されることになります。

（髙橋泰史）

XIII　取引先等の倒産と債権回収

Q46　債権者の供託請求権

　貸付債権の債務者から、譲渡制限特約が付されていることを知りながら、担保のため、売掛金債権の譲渡を受けました。今後、譲渡人について破産手続開始決定があったときには、どのような対応を取るべきですか。また、譲渡を受けた売掛金債権の債務者が、破産管財人に対して、弁済してしまったときはどうでしょうか。

Ⓐ　改正民法は、譲渡制限の意思表示がされた金銭債権の譲渡人について破産手続開始決定があった場合における譲受人の供託請求権に関する規定を新設しています。これにより、譲渡人に破産手続が開始した場合、譲受人は、譲渡制限の特約がなされていることを知って債権を譲り受けたときであっても、債権の全額を譲り受け、かつ債権譲渡の第三者対抗要件を具備している限り、譲り受けた金銭債権の債務者に対し、債権の全額を供託するよう請求することができます。

　また、同様の場合において、債務者が破産管財人に対して債務の履行をしたときは、譲受人は、破産手続の中で、破産財団に対する金銭引渡請求権（不当利得返還請求権）について、財団債権として配当を受けることになります。

1　債権の譲渡性と譲渡制限特約の効力

　改正前民法においては、譲渡禁止特約に物権的な効力を認め、譲渡禁止特約に違反する債権譲渡が無効であるとする考え方（物権的効力説）が有力であり、判例も、この考え方を前提としつつ、具体的な局面に応じ必要な修正を加えてきたと評価されていました。

　対して、改正民法は、債権譲渡特約が付された債権についても、譲渡の効力は妨げられないと規定しています（改正民法466条2項）。これは、譲渡制

262

限特約が付された債権の譲渡がなされた場合、仮に、譲受人が譲渡制限特約について悪意または重過失であったとしても、債権譲渡の効力自体は否定されず、譲受人が債権者となることを意味します（相対的効力説）。

このように、改正民法のもとでは、債権譲渡特約について悪意または重過失の譲受人に対する債権譲渡の有効性に関する考え方が変更されています。

もっとも、改正民法は、悪意または重過失の譲受人との関係において、「債務者は、その債務の履行を拒むことができ、かつ、譲渡人に対する弁済その他の債務を消滅させる事由をもってその第三者に対抗することができる」（改正民法466条3項）としていますので、債務者が、悪意または重過失の譲受人に対し、譲渡された債務の履行を拒絶することができ、あるいは譲渡人に対し弁済をすることにより譲受人に対しても債務の消滅を対抗することができるという帰結に関しては、改正民法下から変更が生じるわけではありません。なお、改正民法下においても、譲渡制限特約は、悪意・重過失の譲渡人との関係において、弁済先を譲渡人に固定するという債務者の利益のための機能を有することになりますので、債務者の側から、悪意・重過失の譲受人に対して債権譲渡を承諾することは、明文の規定は設けられていないものの、解釈上、当然にできるものと解されます。

2 債権者の供託請求権

(1) 譲受人が譲渡制限特約について悪意・重過失の場合の法律関係

前述のとおり、譲受人が、譲受債権に付された譲渡制限特約について悪意または重過失の場合は、債務者は、譲受人に対する履行を拒絶することができます。この場合、債務者が、譲渡人に対して債務を履行すれば、債権者たる譲受人は、譲渡人に対する不当利得返還請求権を取得することになります。

また、債務者が、譲渡人と譲受人のいずれに対しても支払をしない場合、譲受人は、改正民法466条4項に基づき、債務者に対し相当の期間を定めて譲渡人に対する履行を催告し、なお履行がなされない場合には、債務者に対して直接請求をすることができます（Q27参照）。

(2) 譲渡人について破産手続が開始した場合

譲渡制限特約が付された債権譲渡の譲渡人について破産手続が開始し、債

務者が譲渡人の破産管財人に対し債務の履行をした場合、債権者たる譲受人は譲渡人（破産財団）に対する不当利得返還請求権を取得します。そして、当該不当利得返還請求権は、破産手続開始後に生じた債権ですので、財団債権として、破産手続上の保護を受けることになります（破産法148条1項5号。対して、破産手続開始の前に譲渡人に対する債務の履行がなされていた場合は、これと異なり、破産債権として扱われることになります）。

次に、改正民法466条の3は、譲渡制限特約について相対的効力説を採用することを前提として、債権者（譲受人）の供託請求権に関する制度を新設しており、債権の譲渡人について破産開始決定があったときは、金銭債権の全額を譲り受け、かつその譲渡に関する第三者対抗要件を備えた譲受人は、譲渡制限について悪意・重過失の場合であっても、債務者に対し、譲り受けた金銭債権の全額を供託することを請求できることとしました。この制度は、譲渡人が破産した場合においては、譲渡人の責任財産に帰属しない（仮に弁済を受けたとしても、譲受人に返還する責任を生じることになる）債権について積極的な回収が図られるインセンティブが存在しないこと、仮に回収された場合は譲受人の譲渡人に対する金銭引渡請求権が財団債権として保護されることを考慮に入れてもなお、全額を回収できない可能性が残ることから、債権者たる譲受人に、債務者に対して供託を直接請求する権利を与えることにより、自身の行為による回収の途を与えることで、その利益を保護しようとするものです。

そして、同条に基づく供託請求を受けた債務者は、供託する義務を負い、破産管財人に対する弁済を禁止されます。この場合、債務者は供託をした上で、遅滞なく、譲渡人および譲受人に対し通知しなければならないものとされ（改正民法466条の3、466条の2第2項）、供託された金銭は、譲受人に限り還付を請求できる（改正民法466条の3、466条の2第3項）とされており、供託が実行された場合における譲受人の回収の機会が制度上確保されています。

そして、債務者が、改正民法466条の3に基づく供託請求に応じないときに、譲受人がどのような手段を取り得るかが問題となりますが、この場合に関し、供託義務を負う第三債務者に対する取立訴訟について「原告の請求を

認容するときは、受訴裁判所は、請求に係る金銭の支払は供託の方法によりすべき旨を判決の主文に掲げなければならない」と規定する民事執行法157条4項と同様の方法によって訴訟を提起できるとする考え方が、立案担当者によって示されています（部会資料81-3・2頁）。

なお、譲渡人に破産手続以外の法的倒産手続（民事再生、会社更生）が生じた場合には、譲受人に債務者に対する供託請求権は認められていません。これらの手続開始後に譲渡人に対し債務の履行が行われた場合、譲受人の譲渡人に対する不当利得返還請求権は、共益債権（民事再生法119条6号、会社更生法127条6号）として扱われることになります。

実務のポイント

改正民法は、譲渡制限特約が付された債権の譲渡人について破産手続が開始した場合、金銭債権の全額を譲り受け、かつ対抗要件を具備した譲受人は、譲渡を受けた債権の債務者に対し、供託を請求できる制度を新設しています。このような場合、譲受人は、供託請求権を行使することによって、破産手続の中で配当を受け回収する場合に比較して、効果的な債権回収を図ることができる可能性があります。

（髙橋泰史）

新債権法下の債権管理回収実務Q＆A

2017年11月22日　第1刷発行

著　者　　増本　丈也
　　　　　大野　徹人
　　　　　鈴木　正男
　　　　　荒井　隆史
　　　　　髙橋　泰悠
　　　　　矢田　　徹

発行者　　小田　徹
組　版　　株式会社径創
印　刷　　株式会社
　　　　　日本制作センター

〒160-8520　東京都新宿区南元町19
発　行　所　一般社団法人 金融財政事情研究会
編　集　部　TEL 03(3355)1758　FAX 03(3355)3763
販　　　売　株式会社きんざい
販売受付　TEL 03(3358)2891　FAX 03(3358)0037
　　　　　URL http://www.kinzai.jp/

・本書の内容の一部あるいは全部を無断で複写・複製・転訳載すること、および磁気または光記録媒体、コンピュータネットワーク上等へ入力することは、法律で認められた場合を除き、著作者および出版社の権利の侵害となります。
・落丁・乱丁本はお取替えいたします。定価はカバーに表示してあります。

ISBN978-4-322-13227-4